高等职业教育“互联网 + ”新形态一体化系列教材
城市轨道交通类高素质技术技能型人才培养教材

城市轨道交通
服务礼仪

主　编◎禹　翔　任　娜　卫家希
副主编◎罗　娟　李俊娴　李肇欣　梁　烨

華中科技大學出版社
http://www.hustp.com
中国·武汉

图书在版编目(CIP)数据

城市轨道交通服务礼仪/禹翔，任娜，卫家希主编. —武汉：华中科技大学出版社，2022.1(2024.1 重印)
ISBN 978-7-5680-7835-1

Ⅰ. ①城… Ⅱ. ①禹… ②任… ③卫… Ⅲ. ①城市铁路-铁路运输-服务人员-礼仪 Ⅳ. ①F530.9

中国版本图书馆 CIP 数据核字(2021)第 277798 号

城市轨道交通服务礼仪　　禹　翔　任　娜　卫家希　主编
Chengshi Guidao Jiaotong Fuwu Liyi

策划编辑：张　毅
责任编辑：白　慧
封面设计：孢　子
责任监印：朱　玢
出版发行：华中科技大学出版社(中国·武汉)　　电话：(027)81321913
武汉市东湖新技术开发区华工科技园　　邮编：430223
录　　排：华中科技大学惠友文印中心
印　　刷：武汉市籍缘印刷厂
开　　本：787mm×1092mm　1/16
印　　张：12.25
字　　数：295 千字
版　　次：2024 年 1 月第 1 版第 2 次印刷
定　　价：40.00 元

前　言

城市轨道交通是现代化大城市广泛采用的一种安全、快速、舒适、环保的大运量有轨运输方式。城市轨道交通的迅速发展，对改善群众出行条件、解决城市交通拥堵、节约土地资源、促进节能减排、推进产业升级换代、引导城市布局调整、推动城市经济发展起到了很大的作用。与此同时，伴随着轨道交通的大发展，我国对轨道交通行业的专业技术人员、管理人员和基层人员的需求量也在不断增加。如何尽快培养出符合轨道交通行业需求的高质量人才也就成为开设轨道交通类专业的院校必须考虑的问题。

为了保证所培养的人才满足职业需求，校企之间的合作也在不断加强。通过和地铁公司的合作交流，我们针对轨道交通运营企业的岗位需求，组织专业教师和地铁一线的工作人员共同编写了本书。

本书内容及学时安排(推荐)见下表：

序　号	内　容	学　时
单元 1	城市轨道交通服务礼仪基本知识	4
单元 2	城市轨道交通服务人员的职业礼仪	4
单元 3	城市轨道交通服务人员的仪容神态	6
单元 4	城市轨道交通服务人员的服饰礼仪	6
单元 5	城市轨道交通服务人员的仪态礼仪	8
单元 6	城市轨道交通服务人员的沟通礼仪	8
单元 7	城市轨道交通车站客运服务礼仪	12
单元 8	城市轨道交通乘客投诉处理	6
单元 9	城市轨道交通服务质量评价	6
合计		60

本书由陕西交通职业技术学院禹翔、任娜、卫家希任主编，陕西交通职业技术学院罗娟、李俊娴、李肇欣、梁烨任副主编。编写分工如下：单元 1 由李俊娴编写，单元 2 由李肇欣编写，单元 3 由梁烨编写，单元 4 由罗娟编写，单元 5 由卫家希编写，单元 6、单元 7 由禹翔编写，单元 8、单元 9 由任娜编写。

本书在编写过程中得到了西安地铁公司、北京地铁公司、广州地铁公司等单位的大力支持，同时引用了西安、北京、广州等城市的轨道交通运营企业的运营资料及有关作者发表的城市轨道交通的相关文献，在此向有关专家及部门表示衷心的感谢。

由于编者的经验和水平有限，书中难免存在不足之处，敬请广大读者批评指正。

编　者

2022 年 1 月

目　录

单元 1　城市轨道交通服务礼仪基本知识

学习目标

（1）了解服务的含义和特征。
（2）了解礼仪的含义、内容、特征和原则。
（3）掌握服务礼仪的各种理论。
（4）掌握城市轨道交通服务礼仪的含义、意义及内容。

中国是具有五千年文明历史的泱泱大国，素有“礼仪之邦”的美誉。中华大地是人类文明的发祥地之一，中华文化源远流长，在中华民族的发展历程中，礼仪的作用和影响非常深远。重礼、守礼、讲礼、遵礼，已经逐渐成为我国人民的一种自觉意识，贯穿于社会交往的各个方面。

如今，随着城市化的快速发展，交通拥堵问题已成为城市建设中必须解决的难题。轨道交通因具有快捷、舒适等其他交通方式无法比拟的优越性，而成为新的城市交通发展热点和重点。城市轨道交通行业正处在大发展、大建设时期。目前，我国已成为世界上城市轨道交通发展速度最快的国家，建设线路和规划线路的规模都十分可观，在这种形势下，轨道交通服务礼仪自然应当被城市轨道交通服务人员普遍应用。学礼、知礼、用礼已经成为城市轨道交通服务人员提供优质服务的必要保证。

1.1 服　务

一、服务的含义

服务是指服务方按照被服务方的意愿和要求，为满足被服务方的需要而提供相应活动的过程。

服务过程涉及两方：一方是服务方，另一方是被服务方。服务方是根据被服务方的意愿提供服务活动的一方，在服务过程中处于被支配地位；被服务方是提出服务要求，要求服务方给予满足的一方，在服务过程中处于支配地位。

服务的产生过程实质上是一个将部分家务劳动转变为带有交换性质的服务劳动的过程，其目的是解决人们实际生活中的难题。它是伴随着人类需求的不断增长而发展起来的。图 1-1 所示为地铁工作人员引导乘客的情景。

图 1-1　地铁工作人员引导乘客的情景

二、服务的特征

与一般产品相比，服务作为一种特定的产品具有以下几个特征。

1. 无形性

服务的无形性是指服务与有形的实体产品相比，其特质及组成服务的元素是无形无质的，而且具有同时性这一特征，也就是说，服务的生产和消费大都是同时进行的，服务的生产过程同时也是服务的消费过程。服务过程只可以感觉，不具有可视性。消费者关注的不仅是有形的物质产品，还注重作为产品有机组成部分的无形的服务，而服务质量在很大程度上是依靠服务人员的表现来实现的。无形性是服务的最基本特征。

2. 不可储存性

服务的不可储存性是指服务不像有形的产品那样可以储存起来，以备将来出售或消费。服务的无形性、生产与消费的不可分离性，使其只能在生产的同时被即时消费。

3. 差异性

服务的差异性是指服务的构成成分及质量水平存在不同，很难控制。服务行业是以"人"为中心的产业，服务虽然有一定的标准，但会因人、因时、因地而表现出差异性。比如，有经验的员工和没有经验的员工提供给客人的服务会相差很大，有服务热情的员工与缺乏服务热情的员工提供给客人的服务也会不一样，同一位员工受到激励和缺乏激励时所提供服务的效果也不一样。

4. 评价的复杂性

实物产品由于具有实体性的特点，因此可以按照统一的工艺流程进行生产，按照统一的技术标准进行评价，而测评无形的、不能储存的服务产品无疑要复杂得多，服务企业也很难通过标准化管理来保证服务产品的质量。

服务的本质是满足他人需求的行为，而不是满足自身需要的活动。

1.2 礼　　仪

"礼仪"一词，最早见于《诗经》和《礼记》。今天，人们习惯把"礼"和"仪"合在一起作为整体来理解，但在我国古代，"礼"和"仪"其实是作为两个不同的概念出现的。

"礼"在中国古代有多重含义。首先，礼是最高的自然法则，是自然的总秩序、总规律。《左传·昭公·昭公二十五年》中有："夫礼，天之经也，地之义也，民之行也。天地之经，而民实则之。则天之明，因地之性，生其六气，用其五行。气为五味，发为五色，章为五声，淫则昏乱，民失其性。是故为礼以奉之。"其次，礼是中国文化的总称，与政治、法律、宗教、哲学乃至文学、艺术等结合为一个整体，是中国文化的根本特征与标志。《礼记·曲礼上》中有："道德仁义，非礼不成；教训正俗，非礼不备；分争辨讼，非礼不决；君臣上下，父子兄弟，非礼不定；宦学事师，非礼不亲；班朝治军，莅官行法，非礼威严不行；祷祠祭祀，供给鬼神，非礼不诚不庄。”最后，礼还是“法度之通名”。国家的法律都可以通称为礼。

按照《辞源》上面的解释，“仪”包含两层含义。一是指容貌、举止，如《诗经・大雅》中有“令仪令色，小心翼翼”。二是指法度、标准，如《国语・周语下》中有“度之于轨仪”，这里的“仪”是指量器的标准；又如《淮南子・修务》中有“设仪立度，可以不法则”，这里的“仪”是指治理国家的法度。

现代人认为，“礼”一方面包括道德品质的含义，有礼貌（表示敬意）、礼节、礼俗乃至礼物的意思；另一方面是指社会生活中由于风俗习惯而形成的为大家所共同遵守的仪式。“仪”是指法度、准则、典范、仪式、容貌、风度等。

由此可见，“礼仪”一词在我国古代的含义与现代“礼仪”的含义有着明显的不同。随着人类文明的发展，特别是受西方现代文明的影响，“礼仪”逐渐演变成为人们在现代社会的人际交往中应该遵守的行为规范和准则，包含对他人的尊重与敬爱之意。

一、礼仪的含义

礼仪是指按照一定的社会道德观念和风俗习惯，表达人们礼节、动作、容貌、举止的行为准则或规范。它是一种程序，有一定的套路，表现为一定的章法，只有遵守这些准则和规范，才能适应社会的发展。

礼仪是人们在社会交往活动中约定俗成、共同认可的行为规范。它最初表现为一些零散的规矩和习惯，随着社会的发展逐渐上升为大家认可的，可以用语言、文字、动作进行准确描述和规定的行为准则，并成为人们有章可循，可以自觉学习和遵守的行为规范。

礼仪是一种情感互动的过程。在礼仪的实施过程中，既有施礼者的主动行为，也有受礼者的反馈行为，实现了双方情感的互动。

礼仪的目的是实现社会交往各方面的互相尊重，从而使人与人之间的关系达到和谐状态。在现代社会中，礼仪体现了一个人对他人和社会的认知水平、尊重程度，是一个人学识、修养和价值的外在表现。

二、礼仪的内容

随着历史的发展和社会的进步，以及人类文明程度的不断提高，礼仪所涵盖的内容也在不断地发展和变化。现代礼仪主要包括以下几方面的内容。

1. 礼节

礼节是人们在交往过程中逐渐形成的约定俗成的和惯用的各种行为规范的总和。礼节是社会外在文明的组成部分，具有严格的礼仪性质。它反映了一定的道德原则和内容，反映了对人对己的尊重，是人们心灵美的外化表现。在阶级社会中，不同阶级的人在利益上有着根本冲突，使得礼节多流于形式。在现代社会中，人与人之间地位平等，因此礼节从形式到内容都体现出人与人之间的相互尊重和相互关心。当今世界是一个多元化的世界，不同国家、不同民族、不同地区的人们在各自的生存环境中形成了各自不同的价值观、世界观和风俗习惯，其遵循的礼节从形式到内容都不尽相同。

现代礼节主要包括介绍的礼节、握手的礼节、打招呼的礼节、鞠躬的礼节、拥抱的礼节、亲吻的礼节、举手的礼节、脱帽的礼节、致意的礼节、作揖的礼节、使用名片的礼节、打电话的礼节、约会的礼节、聚会的礼节、舞会的礼节、宴会的礼节等。

2. 礼貌

礼貌是指人们在社会交往过程中的良好的言谈和行为表现。礼貌是个体道德品质修养最直接、最简单的体现，也是人类文明的最基本的要求。在现代社会中，使用礼貌用语、语气和蔼、行为得体、尊重他人已成为人们的日常行为规范。

礼貌主要包括口头语言的礼貌、书面语言的礼貌、态度的礼貌、行为举止的礼貌等。

3. 礼俗

人们常把民俗礼仪称为礼俗，它泛指不同文化、不同地域的风俗习惯，是礼仪的一种特殊形式。礼俗普及于社会和群体之中，是人们在一定的环境中，根据长期的认知和行为习惯形成的，具有典型的地域文化特色。

4. 仪表

仪表是指人的外表，包括仪容、服饰、体态等。仪表既反映人的外部形象，也反映人的精神状态。仪表美是一个人心灵美与外在美的和谐统一，美好的仪表来自高尚的道德品质，它和人的精神境界融为一体。端庄的仪表既是对他人的一种尊重，也是自尊、自重、自爱的一种表现。

5. 仪式

仪式是指行礼的具体过程或程序，它是礼仪的具体表现形式，通常是一种比较正规、隆重的礼仪形式。人们在社会交往过程中或是在组织开展各项专题活动的过程中，常常要举办各种仪式，以体现对某人或某事的重视。仪式往往具有程序化的特点，这种程序有些是约定俗成的。在现代礼仪中，仪式中的有些程序是必要的，有些则是可以简化的。因此，仪式呈现出简化的趋势。但是，有些仪式的程序是不可省略的，否则就是“非礼”。常见的仪式主要包括开业仪式、开幕仪式、闭幕仪式、颁奖仪式、欢迎仪式、升旗仪式、入场仪式、宣誓仪式、交接仪式、捐赠仪式等。

三、礼仪的特征

现代礼仪主要有如下几项特征。

1. 文明性

礼仪是人类文明的结晶，是现代文明的重要构成部分。文明的宗旨是尊重，既是对他人的尊重，也是对自己的尊重，这种尊重总是同人们的生活方式有机地、自然地融合到一起，成为人们日常生活、工作中的行为规范。这种行为规范体现着个人的文明素养，如待人接物热情周到、有礼有节，人们在交往中彼此尊重、和谐相处，这些都属于人们日常生活中的文明礼仪。总之，礼仪是人们内心文明与外表文明的综合表现。

2. 共通性

礼仪是一门专门研究人的交往行为规范的科学，是同一社会中全体成员调节相互关系的行为规范。礼仪随着社会生产、生存环境和生活形态的变化而不断得到充实和完善，逐渐成为社会各阶层共同遵守的行为准则。在现实生活中，每个人都需要参加社交活动，而礼仪正是一门将社交活动导向成功的科学。各个国家、地区或民族的礼仪，既有其自身的特征，也有着相通的共性，即要求人们在一切社交场合的言谈话语、行为举止都必须符合礼仪的要求。如待人接物都讲究礼貌、热情、诚恳、友好等。

3. 民族性

由于各民族在文化习俗、生活习惯、地理环境、交通条件等方面各不相同，因此在礼仪上的表现也具有一定的差异性。各个民族的礼仪习俗都凝结着本民族人民的文化情结，因此各族人民都会严格遵循、苦心维护。这就要求人们在社会活动中，相互学习，相互尊重，求同存异，入乡随俗。与我国的现代礼仪相比，国际礼仪最大的不同是其主要起源于西方，受西方文化影响较深。例如，在常见的国际交往礼仪中，仅见面礼节就有握手礼、点头礼、亲吻礼、鞠躬礼、合十礼、拱手礼、脱帽礼、问候礼等。礼仪的形式可谓多种多样、纷繁复杂，同一种礼仪所表达的方式和内容，在不同的国家或地区可能会不同，甚至截然相反。

4. 特定性

礼仪主要适用于社交场合，适用于普通情况下的人际交往与应酬。离开了这个特定的范围，礼仪未必适用。礼仪不是放之四海而皆准的东西，当所处场合不同、所具有的身份不同时，所要应用的礼仪往往也会不同，有时甚至会有很大差异。

5. 传承性

礼仪是一个国家、一个民族传统文化的重要组成部分，其沿用与发展从来就没有间断过，它是历史的产物，每个时代都有不同的面貌，既有精华也有糟粕。对传统礼仪必须要批判地继承，在继承中华民族传统礼仪的精华的同时，注意汲取外国礼仪的合理部分，特别是注意汲取目前通行的当代国际礼仪的一切长处，从而形成具有中国特色的现代礼仪。

6. 发展性

礼仪不是永远不变的，它是随着时代的前进而不断发展的，时代越进步，对礼仪的要求就越严格、越完善。目前，礼仪已经渗透到人类社会生活中的各个层面，反映着市场经济时代的政治、经济、文化、道德等各方面的面貌。随着经济全球化和世界经济一体化的发展，各个国家、各个地区和各个民族之间的交往日益密切，它们之间的礼仪也会不断地相互影响、相互渗透，并被赋予新的内容。

7. 规范性

礼仪是人们在交际场合中待人接物时必须遵守的行为规范，它约束着人们在不同交际场合的言谈举止和行为规范，是人们在一切交际场合必须遵循的准则，也是衡量他人、评价自我的一种标准。

四、礼仪的原则

作为一种约定俗成的行为规范，礼仪有其自身的规律性，即礼仪的原则。在学习、运用礼仪时，人们要掌握以下原则。

1. 尊敬的原则

孔子说："礼者，敬人也。"尊敬他人，既是在人际交往中获得成功的重要保障，也是礼仪的核心。尊敬的原则，就是人们在社会交往中，应将对交往对象的恭敬与重视放在首位，切勿伤害对方的自尊心，更不能侮辱对方的人格。在人际交往中，只有人与人之间彼此尊重，才能保持和谐的人际关系。只要不失敬人之意，哪怕具体做法一时失当，也不能算是失礼。

2. 遵守的原则

礼仪规范是为维护社会生活稳定而形成并存在的，它实际上反映了人们的共同利益和要求，社会中的每个成员都必须自觉、自愿地遵守和执行，用礼仪去规范自己在交往活动中的言行举止。如果违背了礼仪规范，就会受到社会舆论的谴责，也会导致交际失败。

3. 自律的原则

自律就是要克己、慎重，也就是要求人们建立良好的道德信念和行为准则，积极主动、自觉自愿、表里如一、自我对照、自我反省、自我要求、自我检点、自我约束、自我控制，不允许妄自菲薄、自轻自贱；也不能人前人后不一样，生人熟人面前不相同。通过礼仪教育与训练，人们在与他人的交往中可以自觉按礼仪规范去做，而无须别人的提示或监督。

4. 真诚的原则

真诚就是要求人们在人际交往中运用礼仪时，必须诚心诚意、待人以诚、诚实无欺、言行一致。由于国情、民族、文化背景的不同，人们必须做到入乡随俗，与绝大多数人的习惯做法保持一致，切勿目中无人、自以为是。不允许人们在运用礼仪时逢场作戏、言行不一、口是心非、投机取巧、作假骗人。

5. 平等的原则

平等是礼仪的重要原则，即尊重交往对象、以礼相待，对任何交往对象都必须一视同仁，给予同等程度的礼遇。在具体运用礼仪时，允许因人而异，针对不同的交往对象采用不同的方法。不允许因为交往对象在年龄、性别、种族、文化、职业、身份、地位、财富等方面有所不同及与自己关系的亲疏远近，就厚此薄彼，区别对待，给予不同的待遇。

6. 适度的原则

运用礼仪与做其他事情一样，讲究具体问题具体分析，而且应当牢记过犹不及。所谓适度，就是要求在运用礼仪时，为了保证取得成效，既要符合普遍规律，又要针对具体情况，认真得体，掌握分寸，既不能做得过了头，也不能做得不到位。例如，见面时握手时间过长，或是见谁都主动伸手，不讲究主次、长幼、性别，会让人觉得失礼；告别时一次次地握手，或是不住地感谢，会让人觉得厌烦。礼仪的施行是内心情感的表露，只要内心情感表达出来了，就完成了礼仪的使命。如果反复施行，生怕别人不理解、不领情，反而不好。

7. 宽容的原则

宽容就是要求人们在交际活动中运用礼仪时，既要严于律己，更要宽以待人。人们要多容忍他人，多体谅他人，多理解他人，千万不要求全责备、斤斤计较、过分苛求、咄咄逼人。在人际交往中，要允许其他人有独立进行自我判断和个人行动的自由。对不同于己、不同于众的行为要有包容心，不必要求其他人处处效仿自己，与自己完全保持一致，这实际上也是尊重他人的一个主要表现。

8. 遵俗的原则

由于国情、民族、文化背景的不同，在人际交往中，实际上存在着“十里不同风，百里不同俗”的局面。对这一客观现实要有正确的认识，不要自高自大、唯我独尊，不要简单否定其他人不同于己的做法。只有懂得这些，人们才会对礼仪的应用更加得心应手，避免在人际交往中出现差错，更有助于人际交往。

现代礼仪是人际交往过程中外在表现的形式与规则的总和。它作为在人类历史发展中逐渐形成并积淀下来的一种文化，始终以某种精神的约束力支配着每个人的行为。礼仪是人类文明进步的重要标志，是适应时代发展、促进个人进步和成功的重要途径。

小案例

电子商务专业毕业的小张，口语表达能力不错，对公司的产品非常了解，为人朴实、勤快，在业务人员中表现突出，老总对他抱有很大期望。但小张同时又是个不修边幅的人，喜欢留长指甲，衬衣领子也不能保持干净，有时候手上还记着电话号码。小张做销售代表半年多了，业绩总上不去。

思考：(1) 为什么小张的业绩总是上不去？

(2) 他应该做哪些改变？

知识拓展

中国古代礼仪

中国古代有“五礼”之说，即祭祀之事为吉礼，冠婚之事为嘉礼，宾客之事为宾礼，军旅之事为军礼，丧葬之事为凶礼。“五礼”包含的内容相当广泛，从反映人与天、地、鬼神关系的祭祀之礼，到体现人际关系的家族、亲友、君臣之间的交际之礼；从表现人生历程的冠、婚、丧、葬诸礼，到人们在喜庆、灾祸、丧葬时所行的庆祝、凭吊、慰问、抚恤之礼，可以说是无所不包，充分反映了中华民族的尚礼精神。

吉礼居五礼之首，它主要是对天神、地祇、人鬼的祭祀典礼，其主要内容包括以下三个方面：

(1) 祭天神，即祀昊天上帝，祀日月星辰，祀司中、司命、风师、雨师等。

(2) 祭地祇，即祭社稷、五帝、五岳，祭山林川泽，祭四方百物等。

(3) 祭人鬼，主要为春夏秋冬享祭先王、先祖。

嘉礼是人与人之间沟通、联络感情的礼仪。嘉礼的主要内容有饮食之礼、婚冠之礼、宾射之礼(后衍生出投壶礼)、飨燕之礼、脤膰之礼、庆贺之礼。

宾礼是接待宾客之礼，主要包括朝、宗、觐、遇、会、同、问、视八项。

军礼是师旅操演、征伐之礼，军礼主要有大师之礼、大均之礼、大田之礼、大役之礼、大封之礼。其中，大师之礼是军队征伐的仪礼；大均之礼指王者和诸侯在均土地、征赋税时举行军事检阅，以安抚民众；大田之礼指天子的定期狩猎，以练习战阵、检阅军马；大役之礼指国家兴办筑城邑、建宫殿、开河、造堤等大规模土木工程时的队伍检阅；大封之礼是勘定国与国、私家封地与封地间的疆界，树立界碑的一种活动。

凶礼是哀悯、吊唁、忧患之礼。它的主要内容有以丧礼哀死亡，以荒礼哀区礼，以吊礼哀祸灾，以桧礼哀围败，以恤礼哀寇乱。其中，丧礼是对各种不同关系的人的死亡，通过规定的丧事流程和服丧时间来表达不同程度的悲伤；荒礼是对某一地区或某一国家遭受饥馑疫疠的不幸遭遇，国王与群臣都采取减膳、停止娱乐等措施来表示同情；吊礼是对同盟国或挚友遇有死丧或水火灾祸而进行吊唁慰问的一种礼节。这三种礼节适用于各级贵族。桧礼指当同盟国中某国被敌国侵犯，城乡残破，盟主国应会合诸国，筹集财货，偿其所失；恤礼指当某国遭受外侮或内乱时，其邻国应给予援助和支持。

民俗界认为礼仪包括生、冠、婚、丧四种人生礼仪。实际上礼仪可分为政治与生活两大类。政治类包括祭天、祭地、祭宗庙，祭先师先圣、乡饮酒礼、相见礼、军礼等。生活类礼仪的起源，按荀子的说法有“三本”，即“天地生之本”“先祖者类之本”和“君师者治之本”。在各类礼仪中，丧礼产生得最早。丧礼于死者是安抚其鬼魂，于生者则成为分长幼尊卑、尽孝正人伦的礼仪。

在礼仪的建立与实施过程中，孕育出了中国的宗法制度。礼仪的本质是治人之道，是鬼神信仰的派生物。在中国古代，人们认为一切事物都有看不见的鬼神在操纵，履行礼仪即是向鬼神讨好求福。因此，礼仪起源于鬼神信仰，也是鬼神信仰的一种特殊体现形式。“三礼”(《仪礼》《礼记》《周礼》)的出现标志着礼仪发展到了成熟阶段。

宋代，礼仪与封建伦理道德说教相融合，即礼仪与礼教相杂，成为实施礼教的得力工具之一。行礼为劝德服务，繁文缛节极尽其能。直到现代，礼仪才得到真正的改革，无论是有关国家政治生活的礼仪还是有关人民生活的礼仪，都转变成无鬼神论的新内容，从而成为文明礼仪。

1.3 服务礼仪的基本理论及应用

一、服务礼仪的基本理论

服务礼仪的基本理论主要指的是运用服务礼仪的一般规律。它是服务礼仪及其运用过程的高度抽象与概括。服务人员一旦学习并掌握了服务礼仪的基本理论，便能更好地领会、运用服务礼仪，并且在实践中将其融会贯通。服务礼仪的基本理论有如下几点。

1. 职业道德

职业道德是同人们的职业活动有紧密联系的符合职业特点要求的道德标准、道德情操与道德品质的总和，它既是对从业人员在职业活动中的行为要求，又是各行业对社会所负的道德责任与义务。

2. 角色定位

每个人在日常工作和生活中都会扮演不同的角色，并且会不断转换，所以在某一特定情况下，必须准确地确定自己应该扮演的角色，要有明确的目标定位，以此来约束和指导自己的行为，这就是通常所讲的角色定位。

3. 双向沟通

在双向沟通的过程中，信息发送者和信息接受者的位置不断交换，且信息发送者是以协商和讨论的姿态面对信息接受者的。信息发出后还需要及时听取反馈意见，必要时双方可重复进行多次商谈(如交谈、协商等)，直到双方共同明确和满意为止。

4. 白金法则

1987 年，美国学者托尼·亚历山德拉和迈克尔·奥康纳在阐述白金法则时说道："在人际交往中要取得成功，就一定要做到交往对象需要什么，我们就要在合法的条件下满足对方什么。"白金法则有三个要点：一是行为合法，不能要什么给什么，做人、做事都需要有底线；二是交往应以对方为中心，对方需要什么我们就要尽量满足对方什么；三是对方的需要是基本的标准，而不是说你想干什么就干什么。

5. “3A”法则

“3A”法则如图 1-2 所示。

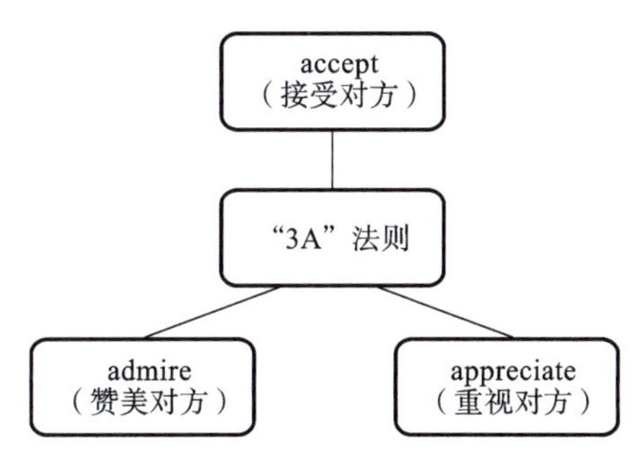

图 1-2 “3A”法则

第一个 A 是 accept，即接受对方。所谓接受对方，就是要待人如待己，宽以待人。不是原则问题，不要随便对别人进行评判。因为人们所处的位置不同，所以考虑问题的角度也就不同。因此，人们必须要学会接受对方、包容对方。

第二个 A 是 appreciate，即重视对方。重视有很多种，此处所讲的重视有欣赏之意，就是要善于发现对方的优点。当我们肯定别人时，实际上是在肯定自己，说明自己有宽容心，有层次，有涵养。

第三个 A 是 admire，即赞美对方。在人际交往中，我们不仅要善于欣赏对方，而且要对对方的优点予以正面的肯定。实际上，我们正面地肯定对方，会让对方产生一种愉悦感，而对方的这种愉悦感也会反馈给我们。人际交往是人与人互动的过程，当我们善待别人的时候，别人就会善待我们；反之亦然。

位置决定态度，当我们和别人打交道时，只有摆正了自己的位置，才能较好地调整和控制自己的心态。所以，公关人员日常工作中，在压力比较大的时候，要想一想“3A”法则，要坚持接受对方、重视对方、赞美对方。这既是一种教养，也是一种规范。如果公关人员能够做到“3A”的话，那么其公关成功率一定会很高。如果我们每个人都能运用“3A”法则去处理和别人的关系，那么大家就能和谐相处、其乐融融。

6. 首轮效应

人们在第一次交往中会给他人留下印象，这一印象在对方的头脑中形成并占据主导地位，这种效应就是首轮效应。当人们第一次与某物或某人接触时会产生深刻的印象，个体在社会认知过程中，通过第一印象最先输入的信息将对客体以后的认知产生影响作用。第一印象的作用最强，持续的时间也长，比根据以后得到的信息对事物产生的整体印象的作用更强。

7. 亲和效应

每个人都有一定的心理定式。心理定式是指一个人在一定时间内所形成的具有一定倾向性的心理趋势，即一个人在已有经验的影响下，通常会处于一种心理准备状态，从而使其在认识问题和解决问题的过程中带有一定的倾向性与专注性。

一般说来，在人际交往和认知过程中，人们的心理定式大致可分为肯定与否定两种形式。前者主要表现为对交往对象产生好感和积极意义上的评价，后者则主要表现为对交往对象产生反感和消极意义上的评价。

人们在人际交往中往往存在一种倾向，即对自己较为亲近的对象会更加乐于接近。这里的“较为亲近的对象”，往往是指那些与自己存在某些共同之处的人。这种共同之处，可以是血缘、姻缘、地缘、学缘或者业缘关系，可以是志向、兴趣、爱好、利益，也可以是彼此处于同一团体或同一组织。我们通常把这些较为亲近的对象称为“自己人”。

毋庸置疑，在其他条件相当的情况下，人们对自己人的心理定式往往是肯定的，自己人之间的交往效果也就更为明显。因此，在交往过程中双方都应当努力创造条件，形成双方的共同点，从而使彼此都处于自己人的情境之中。

亲和效应就是对以上情况的一种概括。它的主要含义是：人们在交际应酬中，往往会因为彼此之间存在某种共同之处或者相似之处而感到相互之间更加容易接近。这种接近会使双方萌生亲密感，进而促使双方进一步相互接近、相互体谅。

8. 末轮效应

末轮效应是相对于首轮效应而言的，强调结尾的完美和完善。在人际交往中，人们留给交往对象的最后印象通常也是非常重要的，在许多情况下，它往往是一个单位或某个人留给交往对象的整体印象的重要组成部分。有时，它甚至直接决定着该单位或个人的整体形象是否完美，以及完美的整体形象能否继续得以维持。末轮效应理论的核心思想是要求人们在塑造单位或个人的整体形象时，必须有始有终、始终如一。

9. 零度干扰

零度干扰是指不让别人受到任何干扰，包括在语言、表情和举止方面尽可能地避免打扰到别人。例如，平时在一些超市或市场上被人“盯着”挑东西，以及遇到“过分”热情的服务员等，都是最典型的反面例子。

二、服务礼仪基本理论的应用

掌握服务礼仪的基本理论，一方面能够有效地提高企业的形象和社会认可度，另一方面能够促进企业员工良好行为的养成。

1. 工作自律

在工作岗位上，赢得服务对象的尊重是取得成功的重要环节。要做到这一点，就必须勤勤恳恳、严于律己，维护好个人形象。因为个人在工作岗位上的仪表和言行，不仅关系到自己的形象，还会被视为企业形象的具体化身。维护好个人的形象，不仅要注意自己的仪表、举止和着装，还要做到不以貌取人。

2. 强化现代服务理念，提升服务品位

理念支配人的行为，服务理念决定着企业的服务面貌。市场经济的发展，带来企业服务

竞争的升级，这迫切要求企业迅速更新理念，在现代服务理念的支配下，把服务问题提高到战略高度来认识，在服务上不断追求高目标，提升服务品位，彰显服务特色。

1.4 城市轨道交通服务礼仪概述

一、城市轨道交通服务礼仪的含义

城市轨道交通服务礼仪是礼仪在轨道交通服务行业中的具体运用，是礼仪的一种特殊形式，是体现服务的具体过程和手段，使无形的服务有形化、规范化、系统化。城市轨道交通服务礼仪主要是指轨道交通服务人员在自己的工作岗位上应当严格遵守的行为规范，也就是轨道交通服务人员在工作岗位上，通过言谈、举止、行为等对服务对象表示尊重和友好的行为规范与惯例。行为规范主要包括服务人员在服务关系中所应有的仪容仪表和言谈举止。简单地说，城市轨道交通服务礼仪就是轨道交通服务人员在工作场合适用的礼仪规范和工作艺术。

行为，指的是人们受自己思想意志的支配而表现在外的活动。规范，则是指标准的、正确的做法。由此可见，行为规范是指人们在特定场合中进行活动时的标准的、正确的做法。而城市轨道交通服务礼仪的实际内涵，是指轨道交通服务人员在自己的工作岗位上向服务对象提供服务时的标准的、正确的做法。

服务关系是一种特殊的人际关系。人际关系是指人与人之间的关系。任何人际关系的实质都是服务人员与服务对象之间相互需求的互酬关系，也就是说，它在一定程度上能满足关系双方的某些需求。服务关系作为一种人际关系，从本质上讲也是一种双方需求的相互满足关系，但在服务过程中，双方之间的关系体现为一种服务人员对服务对象的单向需求满足关系，通过单向的需求满足关系体现出服务对象的优越感。

二、城市轨道交通服务礼仪的作用及意义

城市轨道交通服务礼仪的作用及意义如下。

1. 区域、城市的形象窗口

大力发展城市轨道交通是解决城市交通拥堵问题的重要举措，近些年来，中国已有很多城市建设了完整的轨道交通系统，因此，人们在出行方式上有了更多选择，结合自身需要，很多人开始乘坐地铁、轻轨等新式交通工具。作为交通服务行业的工作人员，城市轨道交通服务人员在服务过程中时刻代表着区域、城市的形象，乘客对轨道交通服务人员的印象，直接影响到乘客对区域或城市的印象。所以，城市轨道交通服务礼仪显得格外重要。

2. 提升企业的整体形象

目前，我国多数城市轨道交通运营企业由政府直接管理，良好的企业形象是吸引乘客、有效缓解政府一直努力解决的交通拥堵问题的有力保障。塑造并维护企业的整体形象不是

为了自我欣赏,而是为了服务对象。而良好的服务礼仪是一个企业树立良好企业形象的有效手段。人们对一个企业的认识,首先是从该企业为服务对象提供的服务开始的。因此,好的轨道交通服务礼仪可以塑造和完善一个企业、一个地区乃至一个国家的整体形象。

3. 提升企业的吸引力与竞争力

城市轨道交通运营行业涉及的专业领域非常广泛,这就需要引进大量高素质人才,以增强企业自身的实力。好的服务礼仪可以提升企业的形象,无疑会吸引更多的优质人才,这样的强强联手,最终能够提升企业在行业内的竞争力。

4. 为企业创造更多的经济效益和社会效益

随着服务业的迅猛发展,它在国民经济中的地位越来越重要。企业之间的竞争也不再是只有形产品之间的竞争,更多的是无形服务的竞争,企业已经意识到良好的服务可以给企业带来可观的经济效益。与此同时,服务礼仪的意义绝不仅局限于经济层面,它已渗透到社会生活的各个层面,社会文明的发展和民主的进步呼唤着服务礼仪的完善。服务礼仪可以给一个企业带来更多的社会效益,它会让社会更和谐,让世界更美好。

5. 有助于提高服务人员的个人素质与服务质量

城市轨道交通服务礼仪作为服务人员的行为规范,为服务人员在服务过程中使自身的行为符合服务对象的要求提供了保障,也有助于服务人员个人素质的提高。

服务质量通常泛指服务人员服务工作的好坏与服务水平的高低。服务质量主要由服务态度与服务技能两大要素构成。在一般情况下,乘客对服务态度的重视程度,往往会高于对服务技能的重视程度。服务礼仪有助于提高轨道交通服务人员的服务意识和服务质量,它不仅能使服务中的人际交往变得顺利,让服务对象感觉轻松和愉快,而且能使服务人员养成良好的服务意识,对服务对象的需求做出适时的反应,从而使服务对象满意。

三、城市轨道交通服务礼仪的内容

乘客搭乘城市轨道交通的目的就是到达目的地(实现位移),而城市轨道交通企业为其提供安全、可靠、快捷、舒适的客运服务。所以说,城市轨道交通服务礼仪的运用对象就是选择乘坐城市轨道交通工具的乘客。图 1-3 所示为乘客乘车的流程。

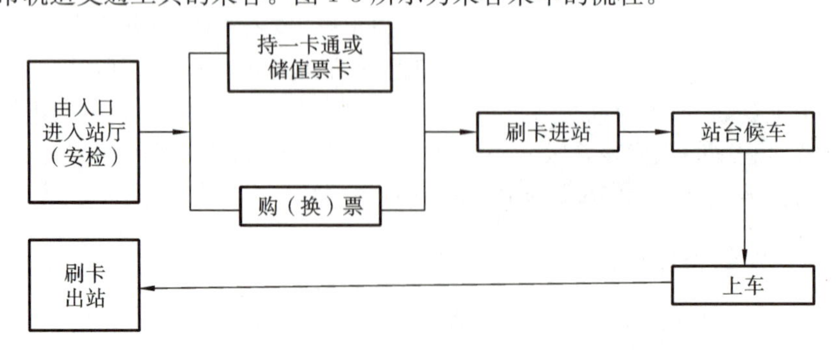

图 1-3　乘客乘车的流程

通过上面的流程图可以看出，城市轨道交通服务礼仪涉及的环节很多，从乘客的进站、购票、候车、上车到最后的出站，贯穿于乘车的全过程，乘客会结合整体服务体验给出一个最终的评价。

城市轨道交通服务礼仪的基本内容有轨道交通服务人员的职业礼仪、仪容礼仪、服饰礼仪、仪态礼仪、沟通礼仪、客运服务礼仪和乘客投诉处理等。

城市轨道交通运营企业为保障良好的客运服务质量，结合乘客的乘车需求，制定出城市轨道交通运营企业服务质量管理体系和城市轨道交通车站客运服务内容，如图 1-4 和图 1-5 所示。

在每个具体的服务环节上，城市轨道交通运营企业对于服务人员到底应该怎么做和不应该怎么做，都有详细的规定和特殊的要求。离开了这些由一系列具体做法所构成的基本内容，服务礼仪便无规范性与可操作性可言。

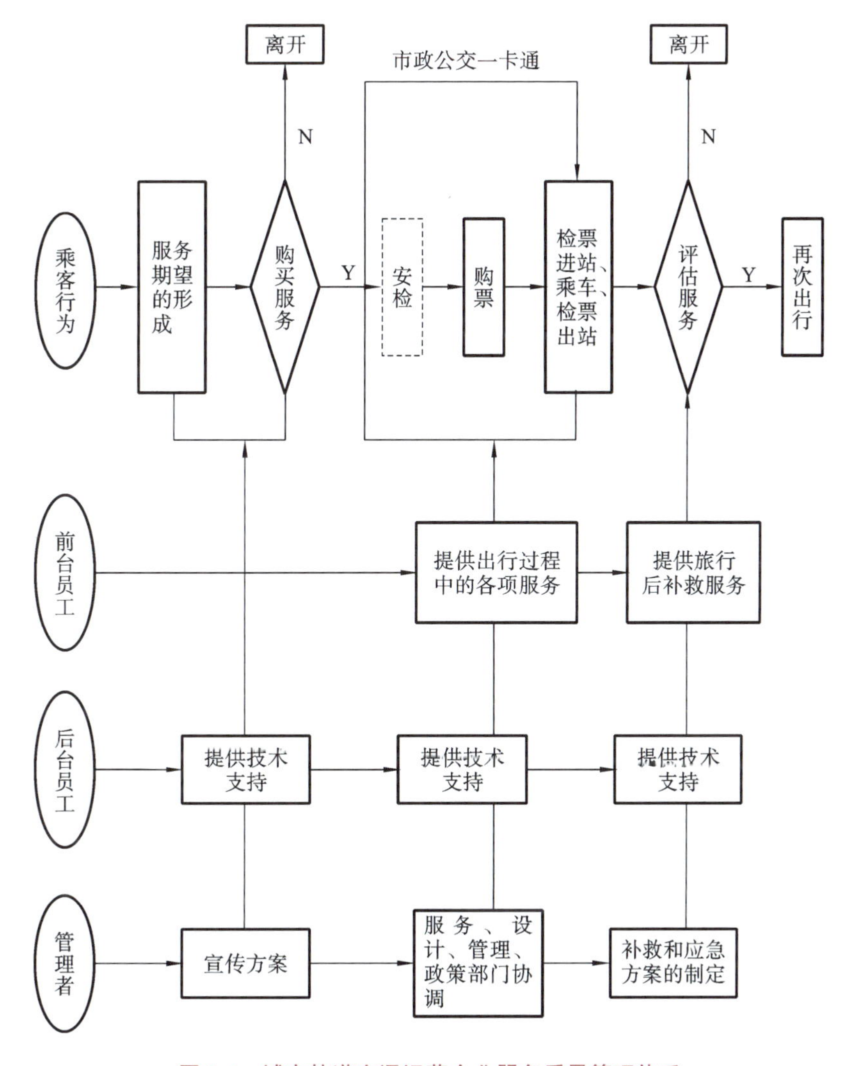

图 1-4　城市轨道交通运营企业服务质量管理体系

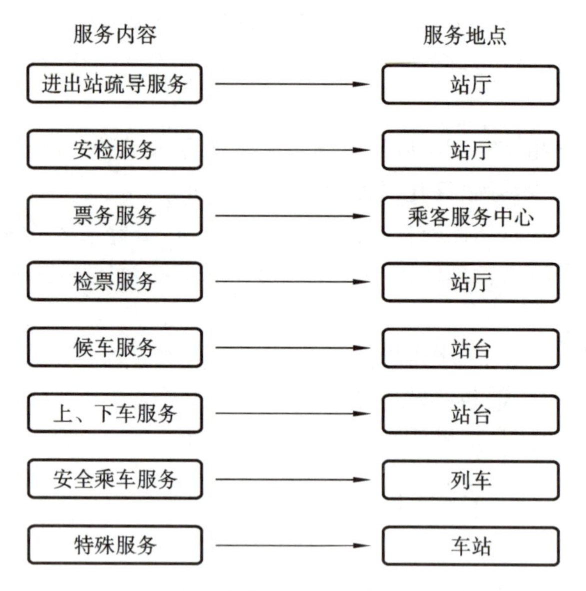

图 1-5 城市轨道交通车站客运服务内容

思考与练习

1. 什么是服务？其特征有哪些？
2. 礼仪的特征及原则有哪些？
3. “3A”法则的具体规定和要求有哪些？
4. 简述城市轨道交通服务礼仪的作用及意义。

单元 2　城市轨道交通服务人员的职业礼仪

学习目标

（1）掌握提高自身礼仪素养的途径和方法。

（2）理解服务形象、服务知识和服务技能的相互关系。

（3）掌握热情服务和控制自我情绪的方法与技巧。

礼仪对于塑造个人形象有着重要作用。礼者,敬人也;仪者,形势也。礼与仪互为因果,仪是礼的表现形式。礼仪修养即礼仪达到的一种程度。讲究礼仪并非个人生活小节或小事,而是一个国家社会风气的现实反映,是一个民族精神文明和进步的重要标志。

2.1 礼仪素养

我国是一个有着悠久历史的文明古国,几千年来创造了灿烂的文化,形成了高尚的道德准则、完整的礼仪规范,被世人称为"礼仪之邦"。礼仪的六个基本特征是:共同性、继承性、统一性、差异性、阶级影响性、时代发展性。对社会来说,礼仪能够改善人们的道德观念,净化社会风气,提高社会文化素质。对个人来说,礼仪可以建立自尊、自重、自信、自爱,为未来的人际交往铺平道路,帮助我们处理好各种关系。

素养是个人魅力的基础,其他一切吸引人的长处均来源于此。素养指的是一个人在理论、知识、艺术、思想等方面具有一定的水平,通常也是一个人综合能力与素质的体现。如果说个人礼仪的形成和培养需要靠多方面的努力才能实现的话,个人素养的提高则要靠自身的努力。

作为一名城市轨道交通服务人员,每天要为不同的乘客提供服务,因此具备良好的礼仪素养是非常重要的。良好的礼仪素养是对城市轨道交通服务人员的基本要求。

一、提高礼仪素养的途径

服务人员可以从以下几方面来提高自身的礼仪素养。

(一) 改言、改性、改心

人与人之间进行沟通时使用最多的就是语言。如果说话没有艺术,或是说话不得当,就很难获得别人对自己的好感。在性格上,如果习气很重,恶性不除,坏心不改,心里面有邪念,为人愚痴、傲慢,就很难在道德和素养上有所提高。所以,服务人员应该不断地完善自身,要改言、改性、改心,这样才能不断得到进步。

(二) 受教、受苦、受气

在人生的道路上,为何有的人能不断进步,有的人却不进反退呢?原因在于一些人不能"受"。这就和学习一样,有的人容易进步,因为他乐于接受;有的人容易退步,因为他不善于接受。服务人员在提高自身素养的过程中首先要学会受教,受教就是把东西吸收进来,然后把它消化为自己的思想。服务人员不仅要受教,而且要能够受苦和受气。如果一个人只能接受别人的赞美,就不能持续地、完全地给自己增加力量,还应该学会接受别人的批评、指导乃至伤害。因此,从一定意义上来说,能受苦和受气才能进步。

(三) 思考、思想、思虑

不管做什么事情,都必须三思而后行。思想中蕴含着智慧,任何事情在经过深思熟虑后再去做，必定能事半功倍。

(四) 敢说、敢做、敢当

有些服务人员不敢表达自己的想法，有意见的时候不敢当众发表，只会在私底下议论，遇事也不敢担当。不敢担当就不会负责，不会负责就无法获取别人对自己的信任，素养也不会提高。因此，只要是好事、善事，服务人员就要学会敢说、敢做、敢当。

一个人的魅力体现在素养上，而素养通常来自细节的积累。行为养成习惯，习惯形成品质，品质决定魅力。从身边的事做起，从细微处着手，学会识大体、拘小节，从自己的一言一行开始，努力提高个人的综合素质。

在学校、家庭和社会中，有哪些不符合礼仪的行为及现象？如何改善这种情况？

二、礼仪素养的实践

在礼仪素养方面，需要强调实践的作用，与实践相联系是提高礼仪素养的根本方法，一切礼仪素养如果脱离了实践，都会成为空洞的说教。一般来说，礼仪素养主要通过以下几个方面与实践相联系：

(1) 人们在相互交往所形成的礼仪关系中完善自己的礼仪品质。一切礼仪素养的培养必须结合人与人之间的交往活动来进行。服务人员只有在日常的交往实践中，在与别人、与组织的各种关系中，才能认识到自己的哪些行为是符合礼仪规范要求的，哪些行为是不符合礼仪规范要求的。同样，要想克服自己的不礼貌行为，培养自己的礼仪品质，也必须依赖于社会实践。人的有礼和无礼的行为，只有在人与人之间的交往活动中才能表现出来，如果脱离了人与人之间的交往关系，就不可能有礼仪素养。

(2) 提高礼仪素养要主观和客观相统一，理论和实践相联系，即身体力行。在日常行为素养中，服务人员要懂得哪些行为是符合礼仪的，哪些行为是不符合礼仪的，要把这些原则、规范运用到自己的交往实践中去，运用到自己的生活和工作中去，并时刻以这些准则为标准，对照、检查、改正乃至删除自己思想中一切与礼仪不符的东西，从而不断提高自己的礼仪品质。

(3) 礼仪素养的培养是一个从认识到实践的循环往复过程，通过反复实践可逐渐提高。礼仪品质的形成是一个长期的过程，不可能一蹴而就。因此，服务人员要使自己成为一个知礼、守礼、行礼的人，就必须把对礼仪的认识运用到实践中去，化为实践中的礼仪行为，然后对自己的行为进行反省、检讨，并把反省中得出的新认识再贯彻到行动中去，如此不断循环，从而达到提高礼仪素养的目的。

小案例

有一批应届毕业生，共22人，实习时被导师带到北京的国家某部委实验室进行参观，全体学生坐在会议室里等待部长的到来。这时有秘书给大家倒水，同学们表情木然地看着她忙活，其中一名学生还问了句："有绿茶吗？天太热了。"秘书回答说："抱歉，刚刚用完了。"林然看着有点儿别扭，心里嘀咕："人家给你倒水还挑三拣四的。"轮到他时，他轻声说："谢谢，大热天的，辛苦了。"秘书抬头看了他一眼，心中充满惊喜，虽然这是句很普通的客气话，却是她今天听到的唯一一句好听的话。

门开了，部长走进来和大家打招呼，不知怎么回事，静悄悄的，没有一个人回应。林然左右看了看，犹犹豫豫地鼓了几下掌，同学们这才稀稀落落地跟着拍手，由于掌声不齐，现场越发显得凌乱。部长挥了挥手，说："欢迎同学们到这里来参观。平时这些事一般是由办公室负责接待的，因为我和你们的导师是老同学，非常要好，所以这次我亲自来给大家讲一下有关情况。我看同学们好像都没有带笔记本，这样吧，王秘书，请你去拿一些咱们部里印的纪念手册，送给同学们做纪念。"接下来，更尴尬的事情发生了，大家都坐在那里，很随意地用一只手接过部长双手递过来的手册，部长的脸色越来越难看，当他来到林然面前时，已经快要没有耐心了。就在这时，林然礼貌地站起来，身体微倾，双手握住手册，恭敬地说了一声："谢谢您！"部长闻听此言，不觉眼前一亮，伸手拍了拍林然的肩膀："你叫什么名字？"林然照实作答，部长微笑着点了点头，回到自己的座位上。早已汗颜的导师看到此景，才微微松了一口气。

两个月后，同学们各奔东西，林然的去向栏里赫然写着国家某部委实验室。有几位颇感不满的同学找到导师："林然的学习成绩最多算是中等，凭什么推荐他而没有推荐我们？"导师看了看这几张尚属稚嫩的脸，笑道："是人家点名来要的。其实你们的机会是完全一样的，你们的成绩甚至比林然要好，但是除了学习之外，你们需要学的东西太多了，其中修养是第一课。"

讨论：以上案例对你有什么启示？

2.2 服务素质

服务素质由服务意识、服务态度、服务形象、服务知识和服务技能组成，如图2-1所示。体力、脑力、精力和财力，这四个力是服务素质的另外一种划分方式。实际上，无论是哪种划分方式，各个要素之间都是相互作用、相互联系、相互协同的关系。在实践中，每个要素都不可能单独存在。

服务意识是服务素质的基础。有了服务别人的意识，在为别人服务时才能有正确的态度；有了正确的服务态度，就有了改变服务形象、学习服务知识和服务技能的自觉性及主动

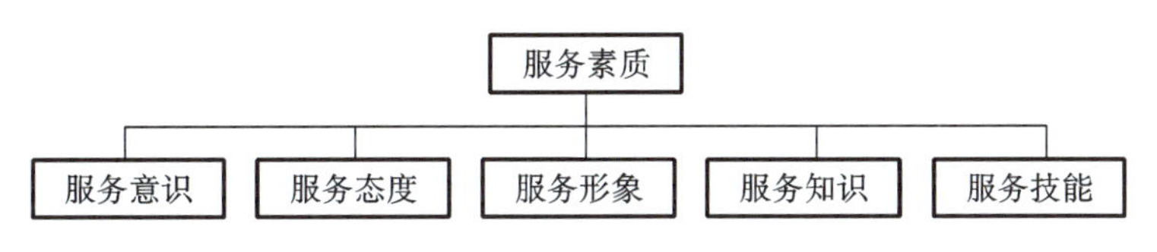

图 2-1 服务素质的结构关系

性。这就是各个要素之间的逻辑关系。

有了以他人为中心的服务意识之后，就能有站在他人立场、保护他人利益的服务态度。此外，为了更好地满足他人的需要，还需要有良好的服务形象、服务知识和服务技能。

一、服务意识

要想成为一名优秀的城市轨道交通服务人员，首先应该有全心全意为乘客服务的意识，只有怀着这种始终为他人服务的意识，才能端正心态，为每位乘客着想，提供优质的服务。意识，即认识。服务意识，即对服务的认识。人们对服务的看法和认识，构成了人的服务意识。从本质上说，认识来源于实践，而服务认识来源于人们的服务实践。人们对服务的认识，是在人与人之间相互关系的实践中产生的。随着人们实践经验的增加，人们的认识水平也会相应提高。一旦人们认识到社会是人的基本存在形式时，就会开始重视别人的存在对于自己的价值，以及自己的存在对于别人的价值。也就是说，我们离不开别人的存在，同时我们的存在也是别人所需要的，由此我们便会萌生出对服务的基本认识，即服务别人是我们存在于社会集体中的一个重要条件。

当人们从服务别人的实践中获得积极的回报时，便会对服务的价值产生认同感。具体来说，服务意识是对人与人之间服务与被服务的关系的认识。具有服务意识的人，能够把自己利益的实现建立在服务别人的基础之上，能够把利己和利他行为有机协调起来，常常表现出以别人为中心的倾向。因为他们知道，只有首先以别人为中心、服务别人，才能体现出自己存在的价值，才能得到别人对自己的服务。

因此，服务意识也是以别人为中心的意识。拥有服务意识的人，常常会站在别人的立场上，急别人之所急，想别人之所想；为了让别人满意，能够谦让、妥协甚至奉献、牺牲。但这些都只是表象，实际上，多为别人付出的人，往往得到的会更多。这正是聪明人的做法。

缺乏服务意识的人，则会表现出以自我为中心的自私自利的价值倾向，把利己和利他对立起来。在这些人看来，要想满足自己的需要，只有从别人那里偷来、抢来或者骗来，别人是不会主动为自己付出的。从本质上说，这违背了人与人之间服务与被服务关系的规律。这种人越多，社会就越不和谐。

服务意识是人类文明进步的产物。文明，即人区别于一般动物的标志。文化，即人的文明化或去动物化。人的文明程度的高低，即人的文明化程度的高低；而人的文明化程度的高低，即人的社会化程度的高低。由此可见，人的文明程度或文化程度的高低，并非单指接受学校教育的年限和学历的高低。

服务意识是尊重别人的前提，每个人都应该有服务意识。对城市轨道交通服务人员来说，培养良好的服务意识是提供优质服务的首要前提。

二、服务态度

态度是社会心理学中的一个基本概念，是一种心理现象。每个人在对待其他人或处理事情时都有自己的态度，即喜欢还是不喜欢，赞成、中立还是反对，接受还是回避等，这些也是人对特定对象的一种心理反应。在人际交往中，我们时刻都可以觉察到别人对我们的态度，也无时无刻不在表现出对别人的态度。态度，是指人们对一定对象所具有的较一贯、较固定的综合性心理反应倾向。

和其他心理过程不一样的是，态度具有情感的倾向性，如对父母是尊重，对孩子是爱护，对朋友是推心置腹，对不善者是防备，对于真相不明的事情是中立等。

另外，态度是一种综合性的心理过程，是在认知、情感、动机等其他心理过程的基础上形成的。因此，态度有以认知和情感为主要内容的价值倾向（如对待生人和熟人的态度不一样，对待家里人和非家里人的态度也不一样等），也有以动机和情绪为主要内容的动机倾向（如你求别人办事和别人求你办事时，你的态度就不一样；在你高兴时和痛苦时，对待别人的态度也不一样等）。

也就是说，态度不仅反映人的价值取向，也体现人的心理动机。例如，某城市轨道交通服务人员在工作时不理某位乘客，不仅反映了他对这位乘客不喜欢、不尊重的价值取向，也体现了他不想接待这位服务对象的心理动机。

因此，态度是城市轨道交通服务人员各种心理因素的综合，是能被别人发现和感知的心理表现，有什么样的态度，便会衍生出什么样的行为，态度会对对象产生作用力并获得对象的相应反馈。另外，态度是不易隐藏的，是可以被观察和测定的。

三、服务形象

拥有良好的服务形象对城市轨道交通服务人员来说是极为重要的。服务形象的作用表现在以下几个方面。

（一）角色识别功能

试想一下，在人流攒动的地铁站台，工作人员和乘客的穿着打扮一样，乘客想找到身边的服务人员，难道只能靠大声喊叫和四处打听吗？相反，如果工作人员都穿着制服，而且不同职责的员工对应着不同的形象，乘客便能一眼看出该找谁咨询。图 2-2 展示了地铁服务志愿者和站务工作者的服务形象，显示了良好的服务形象的重要作用。

（二）环境营造功能

服务人员的外在形象也是整个工作环境的一个组成部分，身着整齐统一的工装，一样的打扮、一样的气质，本身就是一道赏心悦目的风景，并会让被服务对象产生愉快的感受。

（三）职责提醒功能

服务人员身着统一的制服，有利于提醒自己作为一名工作人员应该切实履付工作职责，肩负起为服务对象服务的工作使命。例如，身为一名军人，当穿着军装的时候，就会按照军

图 2-2 地铁服务志愿者和站务工作者的服务形象

人的标准要求自己；身为一名警察，当穿着警服的时候，就要履行一名警察的职责；身为一名服务人员，当身着工作制服的时候，就应自觉地履行自己的服务职责。

（四）增强自信功能

良好的外在形象能起到增强自信的作用。我们常常会有这样的体验，当我们把自己打扮得很得体的时候，走起路来就会显得更加精神，遇到别人时也会更加自信。因此，为了增强自信，人们常常在一些重要场合穿上最适合自己的衣服。良好的外在形象之所以具有增强自信的功能，其原因在于良好的外在形象能使别人对自己产生好感，当别人欣赏的眼光回馈于自身，就能使自己的自信心得到增强。

职业化的形象主要由服饰、装扮、表情、动作、姿势和语气、语调等构成。

四、服务知识

服务知识非常重要，但从现状来看，大多数从事城市轨道交通服务的人员在这方面还存在很多缺陷和问题，并且已经严重影响到他们的服务行为和服务效果。从长远来看，由于技术的不断更新，城市轨道交通在人们的日常生活中处于十分重要的地位，这就需要服务人员不断地学习新知识，以便更好地满足服务对象的需要。

服务知识是指服务人员为服务对象提供服务时所需要运用的相关知识，包括专业知识、技能常识、文化知识和服务知识等。

五、服务技能

服务技能是指在服务他人时需要用到的技能。服务技能是服务素质的一个最重要的组成部分。

常用的服务技能包括以下两种。

（一）业务技能

业务技能是指从事某项工作所需要的专业技能，如收银员需要掌握电脑操作技能，营业员或导购员需要掌握商品演示技能、操作使用技能和安装维修技能等。

（二）服务对象沟通技能

服务对象沟通技能是决定服务人员和服务对象能否进行有效沟通的技能。例如，服务人员能否把自己想表达的意思表达清楚，是否会用巧妙的方法来激发服务对象的反馈，是否善于借助观察和倾听来准确了解服务对象的需求、表达对服务对象的尊重等。

沟通技能是从事服务工作所需要掌握的最为重要和关键的技能，从本质上说，服务就是沟通。因为服务人员只有通过沟通，才有可能了解服务对象的需求；只有通过沟通，才能够向服务对象做出准确的推介；只有通过沟通，才能与服务对象达成协议；只有通过沟通，才能表达服务人员对服务对象的情感；只有通过沟通，才能有效化解服务人员与服务对象之间的冲突。

沟通不仅对服务工作十分有用，而且是现实生活中最有价值和用处最为广泛的一项本领。因为我们生活在一个人与人相互依存的世界里，所以处处都离不开与人沟通，而且我们的大部分工作和生活目标都是可以通过沟通来实现的。

从一定意义上说，沟通能力是我们人生中最应该学习和掌握的第一大能力。一个人沟通能力的高低，将在很大程度上决定他的生活质量的高低和事业成就的大小。

2.3 热情服务

热情服务是指在为广大服务对象服务时能做到表里如一，在服务过程中体现自己的热情和善意。唯有这样，才能真正做到文明服务、礼貌服务和优质服务。

一、热情服务的要求

服务人员要想保持长久的工作热情，就应当始终以积极主动的工作态度，为乘客提供热情、周到、便利的服务与帮助。服务人员只有全心全意地做好自己的本职工作，做出成绩了，才会产生成就感和自豪感，才会有工作的动力。服务人员工作做好了，也会赢得别人的尊重。在实际工作中服务人员要想做到热情服务，应注意以下几点要求。

（一）真心实意

古人说："心弱则志衰，志衰则不达。"一个人一旦在心思、心灵、心劲上出了乱子，就会失去真心与人相处的能力，甚至迷失前进的方向。在提供服务的过程中，服务人员应该做到真心真意为他人着想，不虚伪、不做作，只有这样，才能真正将工作做好、做精。图 2-3 所示为杭州地铁举办的"美丽地铁——用心服务，感谢有你"杭州地铁 1 号线首届"最用心服务人员"票选活动中的一个镜头，服务人员正带着前来参加"我是地铁小站长"体验活动的孩子们参观地铁车站。

图 2-3 服务人员带着孩子们参观地铁车站

（二）全心全意

“全心全意为他人服务”并不是一句空泛的口号，而是需要服务人员能够全身心地投入到服务工作中，始终具有认真负责、一丝不苟的工作精神。

（三）充满善意

真诚的服务是能够让服务对象感受到服务人员的善意的，为服务对象着想是服务工作的出发点。在实际工作中，服务人员充满善意地对待身边所有的人，既能高品质地完成工作，也能获得他人的尊重与信赖。

二、实现热情服务要求

热情服务从可操作的角度强调四个“到”。

（一）眼到

眼到是做到热情服务最基本的要求。服务人员在与他人沟通的时候要看着对方，不可四下环顾或上下打量。眼到的两个基本要求如下：

(1) 目中有人。近距离(1.5 米左右)服务时，服务人员要看服务对象的眼睛；距离较远(3 米左右)时，服务人员要看服务对象的头部或鼻眼三角区。养成正视、平视、仰视对方的习惯，不得斜视、俯视和扫视服务对象。

(2) 眼里有事儿。服务人员要善于观察服务对象，及时了解和满足其需求。

（二）口到

在服务时，服务人员应不遗余力地将自己对服务对象的善心善意用语言、用行动表达出来。具体有以下两点要求：

(1) 服务人员要讲普通话，这是基本要求，也是一种服务意识，更是一种服务技巧。语言是沟通的前提，当服务人员使用方言的时候，其市场只限于本地；当服务人员使用普通话的时候，其市场可以面向全国；如果服务人员能够使用国际语言，则其市场将面向世界。

(2) 服务人员应懂得说话要因人而异，要注意场合。

(三) 身到

身到就是要求服务人员的服务及时、迅速，能够满足服务对象的需求，具体有以下三个要点：

(1) 姿正，即身体姿势要正确。

(2) 脚勤，即能及时、主动地满足服务对象的要求。

(3) 手快，即服务动作要快速准确。

(四) 意到

意到是指表情和神态到位，具体有以下三个要求：

(1) 表情要自然。服务时，服务人员的表情不要过于呆板。

(2) 表情要恰当。服务时，服务人员的表情要与服务对象相协调，即符合对方的心理，不要人家高兴你却表情呆板，别人难过你反而傻笑。

(3) 表情要大方。服务人员微笑时要露出 6 颗牙齿(上边)，要表现得落落大方、不卑不亢。

2.4 情绪与情绪管理

一、情绪的含义

在普通心理学中，情绪的定义为伴随着认知和意识过程产生的对外界事物的态度，是人对客观事物和主体需求之间关系的反应，是以个体的愿望和需要为中介的一种心理活动。情绪包含情绪体验、情绪行为、情绪唤醒和对刺激物的认知等复杂成分。

情绪的生物学定义为情动。一般把短暂地、急剧地发生的强烈的情感(如愤怒、悲哀、恐惧等)称为情绪。它也包含那种虽然程度不强，但相同症候反复呈现的状态或一般情感状态。情绪在使人产生心理体验的同时，在生理现象上表现为有关内脏器官的变化。

比较行为学对各式各样的情绪行为进行了研究，并对它的结构进行了说明。根据最新研究，情绪可能是由一个独立的功能系统完成的，这个功能系统可能包括下丘脑、边缘叶、丘脑核团等，其中，丘脑核团是获得情绪的核心结构，丘脑中存在的一种叫丘觉的遗传结构能产生情绪体验。

情绪是指个体受到某种刺激后所产生的一种身心激动状态。当人们处于某种情绪状态时，个人是可以感觉得到的，而且这种情绪状态是主观的。因为喜、怒、哀、乐等不同的情绪体验，只有当事人才能真正地感受到，所以别人固然可以通过察言观色去揣摩当事人的情绪，但并不能直接地了解和感受。情绪经验的产生，虽然与个人的认知有关，但是伴随情绪状态所产生的生理变化与行为反应，却是当事人无法控制的。每个人都会有情绪，心理学把情绪分为喜、怒、哀、乐四大类。

二、情绪管理

情绪管理（emotion management）是指通过研究个体和群体对自身情绪及他人情绪的认识、协调、引导、互动和控制，充分挖掘、培植个体与群体的情绪智商，培养驾驭情绪的能力，从而确保个体和群体保持良好的情绪状态，并由此产生良好的管理效果。简单地说，情绪管理是对个体和群体的情绪进行感知、控制、调节的过程，其核心是将人本原理作为最重要的管理原理，使人性、人的情绪得到充分的发展，人的价值得到充分的体现。情绪管理也是从尊重人、依靠人、发展人、完善人的角度出发，提高个人和群体对情绪的自觉意识，摆脱情绪低潮，保持乐观心态，不断进行自我激励和自我完善。

在日常生活和工作中，人们有各种各样的情绪状态，如何正确地对待自己的情绪是我们必须学会的。

情绪管理不是要去除或压抑情绪，而是在觉察情绪后，调整情绪的表达方式。有心理学家认为，情绪调节是个体管理和改变自己或他人情绪的过程。在这个过程中，个体通过一定的策略和机制，使情绪在生理活动、主观体验、表情行为等方面发生一定的变化。虽然情绪有正面情绪和负面情绪之分，但情绪管理的关键不在于情绪本身，而是情绪的表达方式。以适当的方式在适当的情境中表达适当的情绪，才是健康的情绪管理之道。

情绪管理要做到善于掌握自我，善于调节情绪，对生活中的矛盾和事件引起的反应能进行恰当的排解，能以乐观的态度、幽默的情趣及时缓解紧张的心理状态。所以，为了更好地工作和生活，我们都应该掌握正确控制和管理自己情绪的方法。

（一）正确对待自己的情绪

1. 体察自己的情绪

我们应时刻提醒自己注意自己的情绪。例如，当你因为朋友约会迟到而对他冷言冷语时，问问自己：“我为什么这么做？有什么感觉？”如果你已经察觉到自己对朋友三番五次的迟到感到生气，就可以对自己的情绪做更好的处理。许多人不肯承认自己有负面情绪，要知道，人是一定会有情绪的，压抑情绪反而会带来更不好的结果。学着体察自己的情绪是情绪管理的第一步。

2. 适当表达自己的情绪

再以朋友在约会中迟到的例子来看，你之所以生气可能是因为他让你担心，在这种情况下，你可以委婉地告诉他：“你过了约定的时间还没到，我很担心你在路上发生意外。”你试着把“我很担心”的感觉传达给他，能让他了解到他的迟到会带给你什么样的感受。相反，如果你指责他：“每次约会都迟到，你为什么都不考虑我的感受呢？”就会引起他的负面情绪，他会变成一只刺猬，忙着抵御外来的攻击，没有办法站在你的立场上为你着想。他的反应可能是:“路上塞车！我能有什么办法？你以为我不想准时吗?”如此一来，两人就有可能会吵架。如何适当地表达情绪是一门艺术，需要用心体会和揣摩。

3. 以适宜的方式纾解情绪

纾解情绪的方法很多，有人会痛哭一场，有人会找三五个好友诉苦，还有些人会逛街、听音乐、散步或逼自己做别的事情来分散注意力，比较糟糕的方式是喝酒、飙车，甚至自杀。纾解情绪的目的在于给自己一个理清想法的机会，让自己好过一点，也让自己有能量去面对未来。如果所采用的纾解情绪的方式只能达到暂时逃避痛苦的效果，而后还需承受更多的痛苦，则此种方式便不是适宜的方式。有了不舒服的感觉，就要勇敢地面对，仔细想想:为什么这么难过、生气？应该怎么做，将来才不会重蹈覆辙？怎么做可以减少自身的不愉快？这么做会不会带来更大的伤害？从这几个角度去选择适合自己的能有效纾解情绪的方式，就能够控制情绪，而不是让情绪来控制自己。

（二）善于运用情绪的智慧能力

1. 情绪的自我觉察能力

情绪的自我觉察能力是指了解自己内心的一些想法和心理倾向，以及自己所具有的直觉能力。自我觉察，即当自己的某种情绪刚一出现时便能够察觉，它是情绪智力的核心能力。一个人所具备的、能够监控自己的情绪及对经常变化的情绪状态的直觉，是自我理解和心理领悟力的基础。如果一个人不具有情绪的自我觉察能力，或者说认识不到自己的真实情绪和感受的话，就容易听凭自己的情绪摆布，以至于做出许多遗憾的事情来。哲学家苏格拉底的“认识你自己”，其实就道出了情绪智力的核心与实质。但是，在实际生活中，人们在处理自己的情绪与行为时的表现却各不相同。

2. 情绪的自我调控能力

情绪的自我调控能力是指控制自己的情绪活动及抑制情绪冲动的能力。情绪的自我调控能力是建立在对情绪状态的自我认知的基础上的，是指一个人如何有效地摆脱焦虑、沮丧、激动、愤怒或烦恼等因为失败或不顺利而产生的消极情绪的能力。这种能力的高低，会影响一个人的工作、学习与生活。当一个人的情绪的自我调控能力低下时，他就会总是处于痛苦的情绪漩涡中；反之，则可以从情感的挫折或失败中迅速调整，控制并且摆脱消极情绪，从而重整旗鼓。

3. 情绪的自我激励能力

情绪的自我激励能力是指引导或推动自己去达到预定目的的情绪倾向的能力。它是一种自我指导能力，是要求一个人为服从自己的某种目标而产生、调动与指挥自己情绪的能力。一个人做任何事情想要成功的话，就要集中注意力，就要学会自我激励、自我把握，尽力发挥出自己的创造潜力，这就需要具备对情绪的自我调节与控制能力，能够对自己的需要延迟满足，能够压抑自己的某种情绪冲动。

4. 对他人情绪的识别能力

这种识别他人情绪的能力就是所谓的同理心，即能设身处地站在别人的立场上为别人着想。越具有同理心的人，越容易进入他人的内心世界，也越能觉察他人的情感状态。

5. 处理人际关系的协调能力

处理人际关系的协调能力是指善于调节与控制他人的情绪反应，并能够使他人产生自己所期待的反应的能力。一般来说，能否处理好人际关系是一个人能否被社会接纳与欢迎的基础。在处理人际关系的过程中，重要的是能否正确地向他人展示自己的情绪、情感，因为，一个人的情绪表现会即刻对接受者产生影响。如果你发出的情绪信息能够感染和影响对方的话，那么人际交往就会顺利进行并且深入发展。当然，在交往过程中，自己要能够很好地调节与控制情绪，所有这些都需要具备人际交往的技能。

（三）情绪管理的基本状态

1. 拒绝

拒绝不是说不记得了，而是坚持某些事情不是真实的，尽管所有证据表明其是真实的。例如，一名深爱丈夫的寡妇在丈夫死后很久，仍然表现得好像他还活着，吃饭的时候仍然还给他留着位置，为他盛饭。拒绝是一种极端的情绪防御形式，一般人很难纠正，因为在心理机能上，拒绝是无法接受外界的帮助的。

2. 压抑

压抑是一种积极的努力，个体通过这种努力，把那些威胁着自身的东西排除在意识之外，或使这些东西不能接近意识。和拒绝不同，压抑是强制性的，势必带来一些副作用。压抑在某种程度上是违背人的本性的，当然，也只有人这种最高级的动物才有能力去压抑。提高修养在某种程度上就是进行自我压抑，不能干想干的事，不能说想说的话。修养的提高是付出了压抑人性的代价的。压抑是人在情绪管理中经常运用的方法，但如果不能有效地进行疏导的话，过分压抑也是有害的。

3. 替代

替代是指将冲动的情绪导入一个没有威胁性的目标物。在实际运用中，替代的一种表现形式是迁怒。例如，今天你被你的领导批评了，如果你有下属，你很容易迁怒下属；如果你没有下属可以迁怒，则势必会将这种情绪带回家，妻子或丈夫将成为不幸的对象，妻子或丈夫可能又会把它传给孩子；孩子去了学校，又会去招惹其他孩子，而孩子闯祸后，老师又会叫你到学校。也许你还不明白由头，但这就是一个迁怒的恶性循环的例子。怎么找一个好的替代品也许是解决问题的关键，建立一种良性的替代形式既可以使情绪得到有效管理，又不会伤及无辜。

4. 升华

升华是一种成功的情绪管理机制。升华是将无意识冲动转化为社会可接受行为的渠道。例如,如果你把攻击性的冲动直接指向你想攻击的人,那么你将陷入困境;但如果把这些冲动升华为诸如拳击、足球比赛之类的活动,则可以被社会接受。拳击比赛之所以受欢迎,是因为它不仅可以让比赛选手的情绪得到升华,而且可以让观众的攻击性情绪得到排解。

(四) 自我情绪管理的方法

1. 心理暗示法

从心理学角度讲,心理暗示法就是个人通过语言、形象、想象等方式对自身施加影响的心理过程。这个概念最初由法国医师埃米尔·库埃(Emile Coue)于1920年提出,他的名言是"我每天在各方面都变得越来越好"。自我暗示分为积极自我暗示和消极自我暗示。其中,积极自我暗示会在不知不觉中对自己的意志、心理及生理状态产生影响,积极的自我暗示可以让人们保持好的心情、乐观的情绪和自信心,从而调动人的内在因素,发挥主观能动性。心理学中所讲的"皮格马利翁效应"(也称期望效应)就是积极的自我暗示。而消极的自我暗示会强化我们个性中的弱点,唤醒我们潜藏在心灵深处的自卑、怯懦、嫉妒等,从而影响情绪。

与此同时,我们可以利用语言的指导和暗示作用来调适、放松心理的紧张状态,使不良情绪得到缓解。心理学的试验表明,当一个人静坐,默默地说"勃然大怒""暴跳如雷""气死我了"等语句时,心跳会加剧,呼吸也会加快,仿佛真的发起怒来。相反,如果默念"喜笑颜开""兴高采烈""把人乐坏了"之类的语句,那么他的心里也会产生一种乐滋滋的感觉。由此可见,言语活动既能唤起人们愉快的体验,也能唤起不愉快的体验;既能引起某种情绪反应,也能抑制某种情绪反应。因此,当我们在生活中遇到情绪问题时,应当充分利用语言的作用,用内部语言或书面语言对自身进行暗示,纾解不良情绪,保持心理平衡,如默想或用笔在纸上写出"冷静""三思而后行""制怒""镇定"等词语。实践证明,这种暗示对人的不良情绪和行为有着奇妙的影响与调控作用,既可以缓解过分紧张的情绪,又可用来激励自己。

2. 注意力转移法

注意力转移法就是把注意力从引起不良情绪反应的刺激情境转移到其他事物上去或从事其他活动的自我调节方法。当出现情绪不佳的情况时,我们要把注意力转移到自己感兴趣的事情上,如外出散步、看电影、看电视、读书、打球、下棋、找朋友聊天、换个环境等,这些事情将有助于人们平复情绪,在活动中寻找到新的快乐。因此,注意力转移法一方面中止了不良刺激源的作用,防止了不良情绪的泛化、蔓延;另一方面,通过参与新的活动特别是自己感兴趣的活动,从而达到增进积极的情绪体验的目的。

3. 适度宣泄法

过分压抑只会使人的情绪困扰加重,适度宣泄则可以把不良情绪释放出来,从而使紧张情绪得以缓解。因此，当出现不良情绪时，最简单的办法就是宣泄。宣泄一般是在背地里、在知心朋友中进行的，可采用的形式有用过激的言辞抨击、谩骂或抱怨使自己恼怒的对象；或是尽情地向至亲好友倾诉自己的不平和委屈等；或是通过体育运动、劳动等方式来尽情发泄；或是到空旷的山林原野，拟定一个假目标大声叫骂，发泄胸中的怨气。但必须指出的是，当使用宣泄法来调节自己的不良情绪时，必须增强自制力，不要随便发泄不满或者不愉快的情绪，要采用正确的方式，选择适当的场合和对象，以免引起意想不到的不良后果。

4. 自我安慰法

当一个人遇到不幸或挫折时，为了避免精神上的痛苦或不安，可以找出一种合乎内心需要的理由来为自己说明或辩解。例如，为失败找一个冠冕堂皇的理由，用以安慰自己，或寻找理由强调自己的所有方面都是好的，以此冲淡内心的不安与痛苦。自我安慰法对于帮助人们在大的挫折面前接受现实，保护自己，避免精神崩溃是很有益处的。因此，当人们遇到情绪问题时，经常用“胜败乃兵家常事”“塞翁失马，焉知非福”“坏事变好事”等言语来安慰自己，这样做可以使人们摆脱烦恼，化解矛盾冲突，消除焦虑、抑郁和失望，达到自我激励、总结经验、吸取教训的目的，有助于保持情绪的稳定。

5. 交往调节法

某些不良情绪常常是由人际关系矛盾和人际交往障碍引起的。因此，当人们遇到不顺心、不如意的事情或有了烦恼时，主动找亲朋好友倾诉比独自胡思乱想、自怨自艾要好得多。在情绪不稳定的时候，找人谈一谈，不仅可以起到缓和、抚慰和稳定情绪的作用，而且有助于交流思想、沟通情感，增强自己战胜不良情绪的信心和勇气，能帮助自己更理智地去对待不良情绪。

6. 情绪升华法

情绪升华可以改变不为社会所接受的动机和欲望，使之符合社会的规范和时代的要求，是对消极情绪的一种高水平的宣泄，是将消极情感引导到对人、对己、对社会都有利的方向上。

当使用上述方法都不能有效克服不良情绪时，不要灰心，可以找心理医生进行咨询和倾诉，在心理医生的指导和帮助下克服不良情绪。

知识拓展

遇事冷静

冷静使人理智。在冷静的状态下，人才能把事情处理得最好、最令人满意。做事时不要以自我为中心，不要轻易动怒，要多为别人考虑，多站在别人的角度去考虑问题。一般我们可以从以下几方面做到沉着冷静地处事：

(1) 经历过很多事，有经验有教训，自然就会沉着。

(2) 事先要有思想准备，分析可能发生的事情，打有准备之仗。

(3) 要多在心里暗示自己是可以冷静的，要沉着，用语言鼓励自己。

(4) 以不变应万变,可以一点点地积累沉着冷静的情绪。

(5) 养成良好的心态,沉着冷静地面对工作中的问题,静心处理就能取得最后的成功。

思考与练习

1. 服务形象的作用表现在哪些方面?
2. 在工作中怎样才能做到热情周到的服务?
3. 在实际工作中遇到不顺心的事应该如何进行自我调控和处理?

单元 3　城市轨道交通服务人员的仪容神态

学习目标

（1）理解仪容对城市轨道交通服务人员的重要性。

（2）掌握仪容修饰的基本原则并能应用于实践。

（3）掌握与同事、领导、服务对象等相关人员的沟通交流技巧。

（4）掌握并能熟练施行微笑服务。

仪容即容貌，由发型、面容及人体所有未被服饰遮掩的肌肤构成，是个人仪表的基本要素。真正意义上的仪容美，应当是自然美、修饰美和内在美的高度统一。一个人外表整洁卫生、着装得体，会给人以舒服的感觉，并且着装能反映一个人的精神面貌，折射出一个人的风采，是留给别人的第一印象。一个人不仅外表要得体大方，而且风度举止要好，因为风度举止代表一个人的整体形象和气质。无论在学校里，还是在以后的社会生活中，我们都会接触到形形色色的人，所以在举止方面一定要端正，与人交际时要平易近人、自然大方、谦虚谨慎，并且还要善于倾听。

3.1 服务人员仪容仪表的基本要求

服务人员仪容仪表的基本要求有以下几点。

（一）干净

仪容包括头发、脸庞、五官、手等，是被人第一眼看见的自身面貌。一个人即使天生丽质，如果在某个时刻被发现手指肮脏、体味难闻、装束怪异，也一定不会被大家接受。无论经济条件如何，讲卫生、爱整洁都是人保持自尊的可行的做法。

面容洁净、清爽会使人显得亲切，看起来精神十足。男士应养成每日剃须修面的好习惯，鼻毛也应经常检查，不要外露；女士不但要经常检查面部，还要检查四肢或腋下不雅的毛发，及时予以去除。

牙齿是口腔的门面，开怀大笑时露出发黄或发黑的牙齿，会使动人的笑容大打折扣。牙齿上不要留有牙垢，饭后漱口是保证口腔清洁与健康的好方法。此外，保持口气清新也很重要。

眼睛被称为心灵的窗户，所以要让眼睛保持清亮，眼角一定要洗干净。

耳朵虽然在镜子里出现的次数很少，但保持其干净、不藏污纳垢也非常重要。

人体的皮肤上有 330 多万个汗腺，平均每平方厘米有 200 个左右。因此，每个人都有或浓或淡的体味。如果体味过于明显，就应该有所遮掩。勤洗澡或使用去除体味的物品是非常必要的。

（二）整洁

整洁，即整齐、洁净、清爽。要使仪容整洁，重在持之以恒，这一条与自我形象的优劣关系极大。

整洁的要求是穿着整齐大方、梳妆得体、卫生状况良好。在穿着上，有工作服的应该统一着装，没有工作服的要以样式大方、色调和谐，尺寸合体、富有个性为美，并注意勤洗勤换、保持清洁；在梳妆上，既要美丽庄重，又要利于整理；在卫生上，要勤洗澡、勤换衣、勤理发、勤剪指甲，不随地吐痰，上班前不酗酒，不吃生葱、生蒜等带异味的食品，并要注意搞好环境卫生。

（三）简洁大方

一个人的仪容仪表不仅代表着个人的形象气质，更代表着工作单位的形象。对仪容仪表的整体要求是仪容大方、仪表端庄、衣着整洁、精神饱满。因为仪容仪表庄重大方、斯文雅气，不仅会给人以美感，而且容易赢得他人的信任。

仪表美分为自然美和修饰美，在修饰过程中不必太过复杂和奢华，应当以简洁大方为主，做最适合自己的修饰，要恰到好处。在工作过程中，服务人员的仪表应给人以落落大方、干练利落的感觉。图 3-1 所示的服务人员化淡妆、以彩色条纹丝巾做简单装饰的服务形象是我们所提倡的。

图 3-1 城市轨道交通服务人员的仪容仪表

3.2 服务人员仪容仪表修饰的原则和要求

小案例

化妆有着悠久的历史。在大英博物馆里珍藏着一个化妆盒，该化妆盒里有象牙梳、火山石、用来盛化妆品的小罐、润肤膏等。经考证，这个化妆盒是属于 1400 年前的古埃及的一位女性的。清朝李笠翁的《闲情偶寄·声容部·修容》开篇即说："妇人惟仙姿国色，无俟修容，稍去天工者，即不能免于人力矣。"仙姿国色者毕竟屈指可数，大多数女性恐怕都要借化妆这种外力来实现自己对美的追求。爱美之心人皆有之，俗话说，三分人才，七分打扮。有人认为，装扮自己既是一种自我美丽，也是一种对别人的尊重。但也有人反对这种违背本色、靠化妆品展现出来的"假我"的做法。

讨论：女性该不该化妆？

人们的仪表在生活中显得非常重要，它反映出一个人的精神状态和礼仪素养，是人际交往中的"第一形象"。天生丽质、风仪秀整的人毕竟是少数，大多数人都要通过化妆修饰、发式造型、服饰搭配等手段，弥补和掩盖容貌、形体等方面的不足，并通过衬托和强调的方式，在视觉上把自身较美的方面展露出来，使自己的形象得以美化。

一、仪容仪表修饰的原则

（一）仪容修饰应遵循的原则

服务人员在修饰仪容时一般应遵循以下原则：

1. 自然

自然美是修饰仪容的最高境界。某位化妆师曾说过："最高明的化妆术，是经过非常考究的化妆，让人看起来好像没有化过妆一样，并且化出来的妆与本人的身份相匹配，能自然地表现那个人的个性与气质。"初级的化妆是把人凸现出来，让她醒目，引起众人的注意。拙劣的化妆是一站出来就被别人发现自己化了很浓的妆，而这层妆是为了掩盖自己的缺点和年龄的。最坏的一种化妆，是化过妆以后扭曲了自己的个性，失去了五官的协调。例如，小眼的人画了浓眉，脸大的人画了白脸，阔嘴的人画了红唇。可见，化妆的最高境界是"无妆"，是自然。

2. 美观

美观就是通过仪容的修饰使自己变得更加美丽、端庄，在给别人留下美好印象的同时也愉悦自己的身心。

3. 协调

主要有以下四种协调要求：

（1）妆面协调。妆面色彩搭配得当，浓淡相宜。

（2）全身协调。脸部、发型与服饰协调。

（3）角色协调。在社会生活中扮演不同的角色时，妆容应不同，如职业人员应端庄稳重，公关人员应成熟干练。

（4）场合协调。场合不同，妆容不同。

（二）仪表修饰应遵循的原则

成功的仪表修饰一般应遵循以下原则。

1. 适体性原则

适体性原则要求仪表修饰与个体自身的性别、年龄、容貌、肤色、身材、体形、个性以及职业身份等相适宜和相协调。

2. 时间、地点、场合原则

时间（time）、地点（place）、场合（occasion）原则简称 TPO 原则，即要求仪表修饰随时间、地点和场合的变化而相应变化，使仪表与时间、环境氛围、特定场合相协调。

3. 整体性原则

整体性原则要求仪表修饰先着眼于人的整体，再考虑各个局部，促成修饰与人自身的诸多因素协调一致、浑然一体，营造出整体的风采。

4. 适度性原则

适度性原则要求仪表修饰无论是在修饰程度，还是在饰品数量和修饰技巧上，都应把握分寸，自然适度，追求虽刻意雕琢而又不露痕迹的效果。

二、仪容仪表修饰的要求

（一）头发

头发是人体的制高点，能引起他人的注意，所以打造完美的形象应从头开始。

1. 梳洗干净

梳洗头发有助于保持头发整洁、消除异味、清除异物。若是对头发懒于梳洗，弄得自己蓬头垢面，满头汗馊味、油味，发屑随处可见，就会损坏个人形象。

（1）清洗头发。头发要定期清洗，一般认为，每周至少应当清洗头发两到三次。

（2）修剪头发。头发的修剪同样需要定期进行。在正常情况下，男士通常应当每半个月左右修剪一次头发。女士可根据自己的情况而定，但至少一个月需要修剪一次。

（3）梳理头发。梳理头发是每天必做之事，而且往往不止一次。凡有必要时都应进行梳理。

如有重要的交际应酬，则应于事前再认真进行一次洗发、理发和梳发，而不必拘泥于以上时限。但切记，此类活动应在幕后进行。

2. 长短适度

头发的长短要考虑以下因素：

（1）性别因素。男女有别，在头发的具体长度上有所体现。一般来讲，女士可以留短发，却很少理光头；男士的头发可以稍长，但不宜长发披肩、梳辫挽髻。在头发的长度上可以偏向中性化，但不应超过极限。

（2）身高因素。头发的长度在一定程度上与个人身高有关。以女士留长发为例，头发的长度可以与身高成正比。下面就不同身材的女士适合选择的发型进行说明。

①短小身材的发型。身材短小的女士会给人以小巧玲珑的印象，所以其发型应强调丰满与魅力，从整体比例上看，应注意长度印象的建立，不宜留长发，也不宜把头发搞得粗犷、蓬松，可利用盘发增加高度，而且要在如何使自己显得秀气、精致上下功夫。

②高瘦身材的发型。高瘦身材是比较理想的身材，但容易产生眉目不清的感觉，或者是

缺乏丰满感。因此，在选择发型时，应尽量弥补这些不足。这种身材的人适合留长发，不宜盘高发髻，也不宜将头发削剪得太短。

③矮胖身材的发型。身材矮胖的人要尽可能弥补自身的缺点，在发型的设计上要强调整体发势向上，可选用有层次的短发、前额翻翘式等发型，不宜留长波浪、长直发。

（3）年龄因素。头发的长度应考虑年龄的因素。例如，一头飘逸的披肩秀发与少女相得益彰，有如青春的护照；而若一位年逾 70 岁的老奶奶头发及肩，则会令人哗然。

（4）职业因素。职业对头发的长度影响很大，不同职业对头发长度有不同的要求。轨道交通服务人员应根据自己的职业特点选择头发的长短，图 3-2 所示为发型标准图。

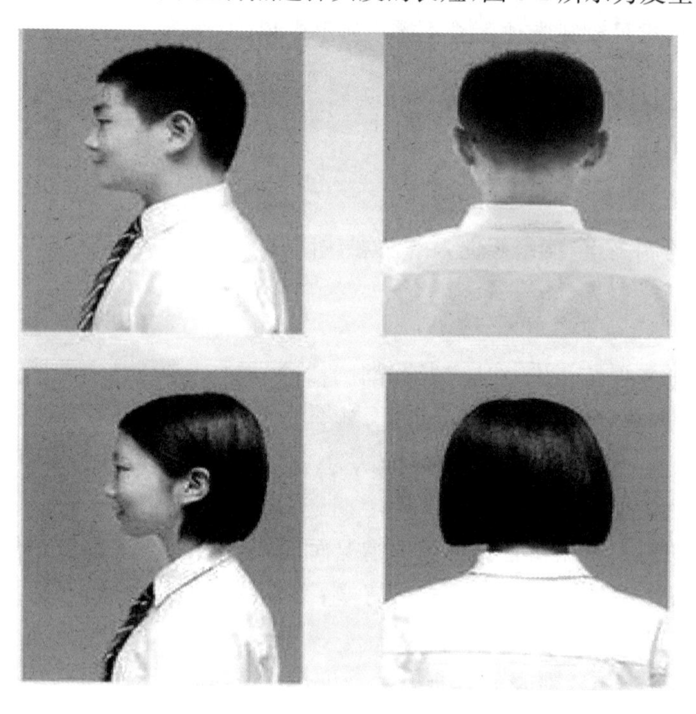

图 3-2　发型标准图

3. 发型要得体

发型是构成仪容的重要内容。美观的发型能给人一种整洁、庄重、洒脱、文雅、活泼的感觉。我们应根据自己的发质、服装、身材、脸型等选择合适的发型，以便扬长避短，达到和谐统一，增加人体的整体美。

（1）发型要与发质相协调。发质细软的人不宜留过长的直发，可选择中长发或俏丽的短发，还可以把头发烫卷，产生蓬松感。发质较硬的人不宜选择太短的发型，宜采用不到肩的短发或肩以下的长发。

（2）发型要与服饰相协调。在工作场合，女性身着套装，可将头发挽在颈后，低发髻显得端庄、干练。在运动场上，着运动服时，可将头发高高束成马尾，显得青春、活泼和洒脱。在晚会或宴会上着晚礼服时，梳个晚装发髻，可凸显高雅、华丽的气质。

（二）脸部

仪容，在很大程度上指的是人的面容。由此可见，面容修饰在仪容修饰中具有举足轻重的作用。修饰面容时，首先要做到面部洁净，即要勤于洗脸，使之干净清爽，无汗渍，无油污，无泪痕，无其他任何不洁之物。每天仅在早上起床后洗一次脸是远远不够的，在午休后、用餐后、出汗后、劳动后、外出后，都需要即刻洗脸。修饰面容，具体到脸部各个不同的部位，还有一些不尽相同的规定。

1. 眼睛

眼睛是人际交往中被他人注视最多的地方，自然也是修饰面容时的首要之处。眼睛被人们称作心灵的窗户，人们灵魂深处的东西都可以从这个窗户中折射出来。

（1）保洁。保洁主要是指眼部分泌物的及时清除问题。对于这一点，应随时注意。另外，若患有眼部传染病，应自觉回避社交活动，省得让他人提心吊胆。

（2）修眉。如果感到自己的眉形或眉毛不雅观，可进行必要的修饰。但不提倡文眉，更不要剃去所有眉毛，刻意标新立异。

（3）眼镜。眼镜的选择要满足美观、舒适、方便、安全的要求，而且应保持其洁净。

2. 鼻子

平时，应注意保持鼻腔清洁，不要让异物堵塞鼻孔，或是让鼻涕流淌；不要随处吸鼻子、擤鼻涕，更不要在他人面前挖鼻孔。参加社交应酬之前，勿忘检查一下鼻毛是否长出鼻孔外。一旦出现这种情况，应及时进行修剪。

3. 胡须

唇间长有胡须是男子的生理特点。男士若无特殊宗教信仰和民族习惯，最好不要蓄须，并应经常及时地剃去胡须。若女士因内分泌失调而长出类似胡须的汗毛，则应及时治疗，并予以清除。

4. 脖颈

脖颈与头部相连，属于面容的自然延伸部分。修饰脖颈，一是要防止其皮肤过早老化，与面容产生较大反差；二是要使之经常保持清洁卫生，不要只顾脸面，不顾其他。脸上干干净净，脖子上尤其是脖后却藏污纳垢，会形成强烈的反差。

（三）口腔

1. 口腔护理

不洁的牙齿被认为是交际中的障碍，牙齿洁白、口腔无味，是面容修饰的基本要求。要做到这一点，一是要每天刷牙，做到“三个三”，即三餐刷，饭后三分钟内刷，每次不低于三分钟；二是要经常用漱口水、洗牙等方式保护牙齿，少抽烟，少喝酒。

刷牙的正确方法是：先将牙刷毛放在牙齿与牙龈交界处，刷毛指向牙根方向，且与牙齿表面成45°角，原位水平颤动，然后顺着牙缝竖刷，应将牙齿的各个部位都刷到。此外，也可以采用在牙齿表面画圆圈的方法来刷牙。

2. 禁止异响

按照礼仪规定，人体内发出的所有声音，如咳嗽、哈欠、喷嚏、吐痰、清嗓、吸鼻、打嗝等统称为异响，在社交场合应当禁止出现。禁止异响重在自律，不必强加于人，如他人在大庭广众之下不慎制造了异响，最明智的做法就是视而不见、置若罔闻。若本人不慎制造了异响，最好及时承认，并向身边的人道歉，不要装作若无其事。

（四）耳朵

在洗澡、洗头、洗脸时，不要忘记清洗一下耳朵。必要之时，还需清除耳孔之中不洁的分泌物。但不能在他人面前这么做。有些人，特别是一些上了年纪的人，耳毛长得较快，甚至会长出耳孔。在必要时，应对其进行修剪。

（五）手臂和腿部

1. 手臂的修饰

在正常情况下，手臂是人际交往中动作最多的一个部分，而且其动作往往被附加了多种多样的含义。手臂的修饰问题，可以分为手掌、肩臂与汗毛三个方面。

（1）手掌。在日常生活里，手是接触其他人、其他物体最多的部位，出于清洁、卫生、健康的角度考虑，手更应当勤于清洗。手指甲应定期修剪，尽量不要留长指甲，它不仅毫无实用价值，而且不美观、不卫生、不方便。修剪手指甲，应令其不超过手指指尖为宜。指甲外形不美时，也可进行修饰。有时，在手指甲周围会产生死皮。若发现死皮，应立即将其修剪掉。此外，服务人员不应涂艳丽的指甲油。

（2）肩臂。修饰肩臂，最重要的一条就是着装时肩臂的露与不露，这应依照具体所处场合而定。在非常正式的政务、商务、学术、外交活动中，人们的手臂，尤其是肩部，不应当裸露在衣服之外。也就是说，在这些场合，不宜穿着半袖装或无袖装。

（3）汗毛。因个人生理条件的不同，有个别人手臂上汗毛生长得过浓、过重或过长，特别有碍观瞻的，最好是采用适当的方法进行脱毛。

2. 腿部修饰

修饰腿部，应当注意的方面有三个，即脚部、腿部和汗毛。

（1）脚部。服务人员在正式场合不允许光脚穿鞋，这样既不美观，又有可能被人误会。正常情况下，应注意保持脚部卫生。鞋子、袜子要勤洗勤换，脚要每天洗。脚指甲要勤于修剪，去除坏死趾甲，不应任其藏污纳垢，或是长于脚趾尖。

（2）腿部。在正式场合，不允许男士的着装暴露腿部，也就是说，不允许男士穿短裤。女士可以穿长裤、裙子，但也不得穿短裤，或是暴露大部分大腿的超短裙。在正式场合，女士的裙长应过膝部。女士在正式场合穿裙子时，不允许光着腿不穿袜子。

(3) 汗毛。男士成年以后,腿部汗毛大都过重,所以在正式场合下不允许穿短裤,或是卷起裤管。女士若由内分泌失调导致腿部汗毛变浓变黑时,则最好脱去或剃除,或者选择深色袜子加以遮掩。

3.3 服务人员的卫生习惯和行为习惯

一、服务人员的卫生习惯

(一) 公共场合应养成的卫生习惯

(1) 不当众梳洗。服务人员特别忌讳当众梳理头发、修指甲和化妆,以及清理耳朵、眼睛、鼻子、牙齿。最好带面巾纸擦汗等,用过的面巾纸不可乱丢,应妥善处理。

(2) 避免身体发出异响和异味。打喷嚏或咳嗽时,服务人员应转头避人,用纸巾捂住口鼻,回头应先向人轻声说对不起。打嗝时,服务人员应小声说请原谅。无论用什么方式打哈欠都是失礼的,声音很大、动作夸张,则更加失礼。

(3) 不用手抓挠身体的任何部位。服务人员应做到不摸手,不抠手指,不碰双膝,不猛打桌椅,不抠鼻,不抠耳,不剔牙等

(4) 禁止吸烟。公共场合,服务人员应自觉禁烟。在允许吸烟的场所,服务人员应注意相关标识,且考虑是否会影响他人。不乱弹烟灰,烟灰要弹入烟灰缸内,注意防火。

(5) 不当众整理自己。服务人员忌穿脱随意,拉领带、松腰带、拉裤腿、松鞋放风等。

(二) 应定期检查仪容

服务人员定期检查仪容的内容包括:牙缝里是否嵌有异物,化妆是否走样,口气是否清新,香水、剃须水是否适量,肩上有无头皮屑,拉链是否拉好,衬裙、袜口是否露出,丝袜是否跳线,衣服是否弄脏等。

图 3-3 所示为铁路工作人员正在进行仪容仪表的检查,确保以良好的服务形象为乘客提供服务。

图 3-3 铁路工作人员进行仪容仪表检查

小案例

一天，黄先生与两位好友小聚。他们来到某知名酒店，接待他们的是一位五官清秀的服务员，该服务员的接待服务工作做得很好，但是她面无血色，显得无精打采。黄先生一看到她就觉得心情欠佳，仔细留意才发现，这位服务员没有按工作要求化淡妆，在餐厅昏黄的灯光下显得病态十足。上菜时，黄先生又突然看到传菜员涂的指甲油缺了一块，他的第一反应就是不知是不是掉到了菜里。但为了不打扰其他客人用餐，黄先生没有将他的怀疑说出来。用餐结束后，黄先生呼唤柜台内的服务员结账，该服务员却一直对着反光玻璃墙面修饰自己的妆容，丝毫没有理会他。自此以后，黄先生再也没有去过这家酒店。

讨论：(1) 请指出本案例中的服务员在仪容上存在的问题。

(2) 本案例对你有哪些启示？

二、服务人员的行为习惯

(一) 行为习惯的特点

行为习惯是行为和习惯的总称。综合心理学家的解释，行为习惯具有如下几个特点：

(1) 习惯是自动化的行为方式。

(2) 习惯是在一定时间内逐渐养成的，它与人后天条件反射系统的建立有密切关系。

(3) 习惯不仅仅是自动化的动作或行为，也可以包括思维的或情感的内容。

(4) 习惯满足人的某种需要，可能起到积极和消极的双重作用。

(二) 培养良好的行为习惯

1. 提高认识

通过学习，了解习惯形成的原因、方式及习惯对人的影响，提高认识，自觉养成良好的行为习惯。

(1) 学记名言，警示自己。现代著名作家叶圣陶说过：“凡是好的态度和好的方法，都要使它化为习惯。只有熟练得成了习惯，好的态度才能随时随地表现，好的方法才能随时随地运用。好像出于本能，一辈子受用不尽。”英国哲学家培根说过：“习惯真是一种顽强而巨大的力量，它可以主宰人的一生。”

(2) 解读史料，感悟习惯。我国东汉时期杰出的天文学家张衡，从小就养成了爱思考问题的好习惯，凡事都要寻根究底。这种良好的习惯，使他发明了世界上第一架能预报地震的仪器——地动仪。

2. 培养良好行为习惯的要求

(1) 慎重选择。行为习惯有好有坏,要想养成良好的行为习惯,应先分清习惯的好坏,慎重选择。要知道勤奋学习是好习惯,知恩图报是好习惯,遵纪守法是好习惯,而凡事拖拖拉拉是坏习惯,好吃懒做是坏习惯。

(2) 注重细节。说话、走路、吃饭等生活细节,看起来是小事,但是如果不注意,一旦养成不良的行为习惯就会影响他人,甚至会影响国家的声誉。例如,某人走进一间屋子,"砰"的一声把门关上,喉间一口痰上来,"噗"的一声吐在地上。这些好像都是无关紧要的事,但其实这些举动既影响他人,又可能传播病菌,一旦习以为常,就成为一种妨害他人的习惯。

(3) 持之以恒。习惯不是一天就能养成的,它是经后天积累而慢慢形成的。良好行为习惯的养成需要持之以恒的精神。例如,吸烟是个坏习惯,许多人也知道,也试着戒过,但很多人都戒不掉,因为习惯一旦养成,改起来很不容易,需要恒心和毅力。良好的行为习惯是人生的主宰,要想拥有它,绝对不能少了"恒"字。

(4) 多向身边的榜样学习。以拥有良好行为习惯的人为镜子,时时检查自己,矫正自己的不良言行。例如,如果你是一个酗酒成性的人,你的生活肯定是乱七八糟的,那么你可以以你周围的不饮酒者为榜样,自我反省,规劝自己远离酒精。

(5) 自我磨砺。美玉是磨出来的,好的行为习惯也是磨出来的。一粒沙子要想在蚌的口中成为一颗美丽的珍珠,就必须经受种种痛苦的磨砺。磨砺造就成功人生。

3.4 服务人员神态的具体要求

神态是一种通过表情和眼神表现出来的对己、对人、对事的态度。一个过于自信的人往往会有傲慢的神态,一个缺乏自信的人往往会有卑微的神态,一个懂得尊重、爱和自我克制的人通常会有谦恭、友好、宽容的神态,而一个对自己的优势和劣势,以及自己控制环境的能力有清醒认识的人往往会有自信、沉着的神态。

人们无法对神态进行直接的塑造,神态总在人们的不自觉中泄露其内心的秘密。经过长期的、自觉的努力,人们可以慢慢地改变自己的神态,使自己的神态更容易被他人接受,让他人喜爱。服务人员要改变自己的神态,首先要对自己的神态有一个自觉的审悉,了解自己的神态中有哪些不太受人欢迎的地方,然后有针对性地通过改变自己内在的东西而改变不良的神态。

作为服务人员,面对服务对象时的恰当神态应是真诚的、友善的、谦恭的、自信的。其中,微笑是最受欢迎的表情。良好的服务神态是做好服务工作的重要条件。

服务人员在与服务对象交往时,恰当地运用眼神,既可以让服务对象觉得服务人员诚实可信,又可以让服务对象感到自己是被尊重的。恰当的眼神应是自然稳重、温和亲切的。

一、微笑服务

对于服务行业来说,微笑服务是至关重要的。微笑服务不应只是脸上挂笑,而应是真诚地为服务对象服务。如果一名服务人员只会一味地微笑，而对服务对象的想法和要求一概不顾，那么这种微笑又有什么用处呢？因此，微笑服务最重要的是在感情上把服务对象当作亲人、朋友，为其排忧解难。

（一）微笑服务的特点

1. 要有发自内心的微笑

对于服务对象来说，服务人员硬挤出来的笑还不如不笑。有些企业提出“开发笑的资源”，强求服务人员向服务对象去笑，甚至鼓励或要求服务人员回家对着镜子练习微笑，这都是不明智的做法。

微笑，是愉快心情的一种反映，也是礼貌和涵养的一种表现。服务人员不应仅仅在工作中展示微笑，在生活中处处都应有微笑。在工作岗位上，服务人员只要把服务对象当作自己的朋友，当作一个人来尊重，就会很自然地向他展现会心的微笑。因此，这种微笑不用靠行政命令来强迫，而是一个有修养、有礼貌的人自觉拥有的。唯有这种笑，才是服务对象需要的笑，才是最美的笑。

2. 要会排除烦恼

一位优秀的女营业员脸上总是带着真诚的微笑，一次与朋友聊天，朋友问她：“你一天到晚地笑着，难道就没有不顺心的事吗？”她说：“世上谁没有烦恼？关键是不要也不应被烦恼所支配。到单位上班，我将烦恼留在家里；回到家里，我就把烦恼留在单位。这样，我就总能拥有轻松愉快的心情。”若是服务人员都善于这样“情绪过滤”，在服务岗位上就不愁没有灿烂的笑容了。

当服务人员遇到不顺心的事情时，难免心情会不好，这时再强求他对服务对象满脸微笑，似乎是不近情理的，但是服务工作的特殊性又决定了服务人员不能把自己的情绪发泄在服务对象身上。所以，服务人员必须学会分解和淡化烦恼与不快，时时刻刻保持一种轻松的情绪，把欢乐传递给服务对象。

3. 要有宽广的胸怀

服务人员要想保持愉快的心情，心胸宽广至关重要。在服务过程中，难免会遇到出言不逊、胡搅蛮缠的服务对象，服务人员一定要谨记“忍一时风平浪静，退一步海阔天空”。例如，有些服务对象在选购商品时犹犹豫豫，花费了很多时间，但是到了包装或付款时，却频频催促服务人员。遇到这种情况，服务人员绝对不要不高兴或发脾气，而是要想：“他一定很喜欢这种东西，所以才会花那么多时间精心挑选，现在他一定急着把商品带回去给家人看，所以他才会催我。”在这种想法下，服务人员便会对服务对象露出体谅的微笑。

总之，当服务人员拥有宽广的胸怀时，工作中就不会患得患失，面对服务对象也不会斤斤计较，能永远保持一种良好的心情，微笑服务就会变成一件轻而易举的事。

（二）微笑服务的好处

在人际交往中，服务人员保持微笑有以下几点好处：

(1) 表现心境良好。面露平和欢愉的微笑，说明心情愉快、充实满足、乐观向上、善待人生，这样的人才会产生吸引别人的魅力。

(2) 表现充满自信。面带微笑，表明对自己的能力有充分的信心，以不卑不亢的态度与人交往或帮助别人，可以使人产生信任感，容易真正被别人接受，而不让别人产生排斥心理。

(3) 表现真诚友善。微笑反映自己心底坦荡，善良友好，待人真心实意，而非虚情假意，使他人在与自己的交往中自然放松，不知不觉地缩短彼此的心理距离。

(4) 表现乐业敬业。在工作岗位上保持微笑，说明热爱本职工作，乐于奉献。在服务岗位上，微笑更是可以创造一种和谐融洽的气氛，让服务对象倍感愉快和温暖。

真正的微笑应发自内心，渗透着自己的情感。表里如一、毫无包装或矫饰的微笑才有感染力，才能被视作“参与社交的通行证”，才会被别人真正从心底接受。

(三) 微笑服务的培养方法

(1) 经常进行快乐的回忆，努力将自己的心情维持在最愉快的状态。

(2) 在工作的前一天，尽量保证充足的睡眠时间。

(3) 当长时间作业感到疲劳时，应该注意提醒自己不要忘记微笑服务，可以抽空去洗手间用冷水洗脸，放松自己。

(4) 即使是在非常繁忙的时期，也要尽量使自己放松，只有这样，才能使自己的微笑看起来轻松自在。

二、眼神交流

眼神交流在人际交往中处于重要位置。人们相互间的信息交流，总是以眼神交流为起点的。眼神交流在信息传递中发挥着重要作用，故有所谓眉目传情的说法。眼神和面部表情提供了重要的社会及情感信息。在某些情况下，眼神交流会引起强烈的情感反应。

(一) 眼神交流的方法

1. 接纳法

当你注视着对方，对方向你微笑时，表示对方理解并接纳你；当对方面部无反应或回避你的视线时，表示拒绝接近或者暗示现在不是相互了解的时候。

2. 恋视法

恋视法常传递着诚挚、热烈的爱慕之情。这种方法是以爱慕、敬仰、温柔、友善的目光来注视对方的。假如对方以同样的目光注视你，你可以报以微笑，表示相互理解；假如对方立即回避你的目光，你也别忙于回避，因为有些暂时的回避是一种“投石问路”，是在判断你是真情还是假意。

3. 回视法

回视即转身注视。多次回视，既表示留恋、情深和真诚的友爱，又表示疑惑不解、不懂等。在不同的情景中,回视表示不同的意思。

4. 目光确认法

当你的回答需要得到对方的肯定时,可以通过目光交流,让对方给予肯定。眼神回答大致分为以下五种:

(1) 抱歉。当你注视对方,对方面带愠色时,你可以微笑并迅速转移你的视线,其含义是“对不起,我是无意的”。

(2) 谢绝。在你不想让人看你时,你瞥他一眼,扭转过身去,其含义是“请别看我,我不喜欢/讨厌你”。

(3) 告诫。对对方视而不见、不屑一顾,是告诫他“我看不上你,你该知趣”。

(4) 拒绝。当对方死盯着你,你要拒绝时,最好皱上眉头并还以深深的一瞥,这表达的意思是“你这个人十分讨厌”。

(5) 警告。当别人对你投来不怀好意的目光时,你可以怒视对方,发出抗议,其意是“你想怎样?我很危险,离我远点”。

谈话开始时,不要直接盯着对方的眼睛,以防产生不必要的紧张情绪。一句话快结束时再看对方的眼睛,意在询问“我说得对吗”,若对方还以微笑或点头,则表示赞许;若没有表示,目光黯淡,则表明对方可能持有不同意见。如果你一直在高谈阔论,对方却在不停地看手表,那分明在告诉你“你说得差不多了,我有事要先走了”。

(二) 眼神交流的注意事项

眼神属于表情范围。各种表情中,眼、眉、嘴等的形态变化最容易引起他人的注意。人与人之间进行交流时,总是以眼神交流为起点。因此,要尽量让自己的眼神看起来柔和、友好。眼神受情感的制约,人的眼睛的表现力极为丰富和微妙,只有把握好自己的内心情感,才能充分地发挥眼神的作用。但凡炯炯有神的目光,都会给人以感情充沛、生机勃发的感觉;目光呆滞麻木,则给人以疲惫厌倦的印象;而目光凶相毕露,必然难以持续与他人的交往。

与他人见面时,不论是陌生的还是熟悉的,不论是偶然相遇还是如期约会,首先都要睁大眼睛注视对方,面带微笑,表现出喜悦和热情。如果你希望给对方留下很深的印象,则要凝视对方,用眼神进行长久的交流。

与他人交谈时,不要不停地眨眼,不要眼神飘忽,不要怒目圆睁,不要目光呆滞,最忌讳目光闪烁,盯住对方或逼视、斜视、瞟视对方,这些都会使对方产生不信任感。注视他人时,应以对方的面部中心为圆心、以肩部为半径建立视线范围,这个视线范围是眼神交流的最佳范围。在与他人交谈时应始终保持目光接触,以表示对对方很尊敬,对话题感兴趣;如果左顾右盼,则表示对人或事都不感兴趣;如果不看着对方说话则表示藐视,或者心不在焉。随着话题、内容的切换,应及时做出恰当的反应,或喜,或惊,用眼神会意,使整个交谈融洽而有趣。交谈结束时,应将目光抬起。道别时,应用眼神表现出惜别之意。

在进行眼神注视时,服务人员应注意以下几点。

1. 眼神注视的部位

近距离注视对方通常有三种不同的方式，即注视对方脸部的上三角部位，注视对方脸部的下三角部位和注视对方的脖子部位。上三角部位是指双眼与额头之间的部位，下三角部位是指双眼与嘴部之间的部位。注视对方的上三角部位，表示严肃、严厉、控制；注视对方的下三角部位，表示随和、亲切、轻松；注视对方的脖子部位，则表示谦虚。

当服务人员接待服务对象时，宜注视对方脸部的下三角部位和脖子部位，即眼部以下、颈部以上的部位。如果服务人员近距离地上下打量服务对象或注视服务对象身上的某个部位，则意味着对服务对象的怀疑或是对服务对象身体的特殊兴趣，这对服务对象是一种冒犯和不尊重。注视服务对象的脸部时，通常不能聚焦于脸部的某一部位，而应尽量把目光放虚一点，用目光笼罩对方的整个脸。在注视对方时，通常会出现双方眼神的直接接触，即四目对视的情况。

提　示

不同的国家有不同的做法，在法国、意大利及拉美和中东国家，人们喜欢用目光注视对方的眼睛，表示自己的诚挚专一；在日本、印度、柬埔寨及其他亚洲国家，一般尽量避免注视对方的眼睛，以表示对对方的尊重。

2. 眼神注视的角度

服务人员在注视服务对象时应采取正视、平视或仰视，以表示对服务对象的重视和敬重。

3. 眼神注视的时间长短

服务人员在与服务对象交谈时，视线接触对方面部的平均时间应占全部谈话时间的30%～60%。如果注视的时间超过这个平均值，服务对象就会觉得受到了冒犯或挑衅；如果低于这个平均值，服务对象可能会有受冷落和被忽视的感觉。

4. 注意眼神兼顾

服务人员既要保证对先到的服务对象的重点服务，又要在适当的间隙向后来的服务对象投去歉意和安慰的眼神，以保证不忽视任何一位在场的服务对象。

思考与练习

1. 在选择发型时要注意哪些问题？如何选择最适合自己的职业发型？
2. 如何在实际生活和工作中培养良好的行为习惯？
3. 怎样才能做好微笑服务？微笑服务的特点表现在哪些方面？

单元4　城市轨道交通服务人员的服饰礼仪

学习目标

（1）了解服饰礼仪的作用与影响。

（2）掌握城市轨道交通服务人员着装的基本原则与禁忌。

（3）掌握城市轨道交通服务人员服饰的选择与穿着。

服饰礼仪是一种视觉礼仪，它能反映一个人的生活习惯、文化水平和道德修养。正如莎士比亚所说："服饰往往可以表现人格。"大方得体、干净整洁的服饰会使人产生一种无形的魅力。一个人穿戴什么样的服饰，直接关系到别人对他个人形象的评价。服饰只有与穿戴者的气质、个性、身份、年龄、职业及所处的环境和当时时间相协调时，才能达到美的境界。

4.1 服饰礼仪的作用与影响

一、服饰礼仪的作用

古今中外，服饰从来都体现着一种社会文化，体现着一个人的文化修养和审美情趣，是一个人的身份、气质、内在素质的无言的介绍信。从某种意义上说，服饰是一门艺术，服饰所能传达的情感与意蕴甚至不是语言所能替代的。在不同场合，穿着得体、适度的人，会给别人留下良好的印象；而穿着不当，则会降低自己的身份，损害自身的形象。在社交场合，得体的服饰是一种礼貌，在一定程度上直接影响着人际关系的和谐。

二、服饰礼仪的影响

随着市场经济的不断发展，企业间的竞争日益加剧，产品的差异性越来越小，消费者的要求也越来越高。在这种背景下，企业除了加强自身产品的功能价值以外，应更多地注重企业自身的形象，尤其对于服务性质的企业，服饰礼仪的影响就显得更加重要。

（一）企业形象识别系统

在当今社会，许多企业都为自己的员工定制了统一的工作服，我们也常称之为职业装。例如，当我们走进国美电器，会发现国美服务人员的服装与企业的形象有着相似之处。这是因为在现代企业管理中，企业越来越注重企业形象识别系统（corporate identity system，CIS）的建立。CIS起源于19世纪的欧洲，其主要内涵是把企业文化、经营理念、管理行为融入现代商业策划设计和企业管理活动中，使之系统化、规范化和标准化。CIS对内规范企业的行为，强化员工的凝聚力和向心力，使员工形成自我认同，提高工作热情，降低经营成本；对外则传播企业理念，树立企业形象，使社会大众对企业确立牢固的认知与信赖，避免认同危机，提高沟通的效率和效果，以便取得更大的经济效益与社会效益。

CIS包含理念识别（mind identity，MI）、行为识别（behavior identity，BI）和视觉识别（visual identity，VI）三个部分。其中，视觉识别由于其可视性的特点，往往是企业最重视的一个部分。例如，快餐行业里著名的企业肯德基，很早就认识到CIS的重要性，将作为企业标准色的红白色应用于各家店面；此外，服务对象感受到的服务也有着高度的统一，其企业形象已经深入人心。图4-1所示为肯德基（KFC）店面的外部形象。

（二）职业装

企业对于CIS是非常看重的，而职业装又是CIS中极其重要的一部分。企业为员工选

图 4-1 肯德基店面外部形象

择的适合工作且能表明职业特征的服装称为职业装。例如，空姐的服装基本上采用蓝色基调，剪裁得当，并配有色彩雅致的丝巾。当我们看到这一职业装时，很容易联想到航空公司的形象，如图 4-2 所示。

图 4-2 空姐的服装

职业装经过长期的发展，具有以下特点。

1. 实用性

实用的职业装结构合理、色彩适宜、经济耐用、物美价廉，能够适应不同的工作环境。

2. 美化性

职业装能够美化穿衣者的形态特征，凸显优点，弥补不足，展现出穿衣者的个性和气质，传达出行业或企业的形象。

3. 标识性

职业装的标识性具有服装精神性方面的重要性质，从中可以区别着装者的社会经济地位和性别等。差别标识的设计是通过款式与色彩搭配、服饰配件和企业标志的不同来实现的，从而树立行业角色的特定形象，弘扬企业理念和精神，利于公众监督和内部管理，提高企业的竞争力。标识性包括等级标识、场合标识、性别标识、身份标识等。

4. 防护性

防护性是指保护作业人员免受作业环境中有害因素的侵害。根据防护性原则合理设计职业装，可以最大限度地减少事故的发生及相关伤害。

5. 时代性

在满足以上特性的基础上，在设计职业装时往往注重传统与现代流行元素的融合，以更好地展现企业的理念和文化。

知识拓展

红色马甲

说到西安地铁，很多乘客都会第一时间想到身着红色马甲的地铁志愿服务者（见图 4-3）。西安地铁为了在运营管理中更好地提供服务，为每个车站都安排了志愿服务者。当乘客在购票、乘坐电梯、出入检票通道中遇到问题时，都可以第一时间联系志愿者，寻求解决方式，志愿者也会主动帮助有需要的乘客。红色马甲在人们心中逐渐留下了深刻的印象，红色马甲不仅仅是简单的工装，更代表了企业理念和服务意识。

图 4-3　西安地铁的志愿服务者

4.2　服务人员着装的基本原则与禁忌

制服标志着职业特色，其设计充分考虑了穿着者从事的职业和身份，与环境相配，有一种美的内涵。大多数企业都有自己的制服，通过制服可以体现员工的职业形象，展现企业的精神面貌。

一、服务人员着装的基本原则

服饰的款式是指服饰的种类、式样与造型。当在不同的社交场合选择合适的服装款式时，最重要的原则是维护自身形象，使之合乎身份。总之，服务人员的着装要规范得体，具体应遵循以下原则。

（一）TPO 原则

1. 时间原则

服务人员在着装时，必须要考虑时间层面，时间涵盖了每天的早晨、中午、晚上等阶段，也包括春，夏、秋，冬四个季节。服装的穿着要做到随时间更替而改变。

2. 地点原则

特定的地点和环境需要配以与之相适应、相协调的服饰，以获得整体的和谐感，达到最佳效果。

3. 场合原则

在选择服装时，服装必须与特定的场合及气氛相吻合。

（二）适合原则

适合就是指着装要符合自身的条件和特点。服饰美与不美，并非在于服饰价格的高低，关键在于衣着得体，适合年龄、身份、季节及所处环境的风俗习惯，更主要的是全身色彩的搭配能够达到和谐的整体效果。

“色不在多，和谐则美”，这是说正确的配色方法应该是选择一两个系列的颜色作为主色调，占据服饰的大部分面积，而重点部位的装饰采用其他颜色作为衬托或点缀，如衣领、腰带、丝巾等，以达到多样、统一的和谐效果。适合原则主要包括以下几点：

（1）服饰的样式应与自己的年龄和性别相适合。

（2）服饰的颜色应与肤色相协调。

（3）着装时应考虑到自身的形体特点。

知识拓展

服装的色彩搭配

服装的色彩搭配分为协调色搭配和对比色搭配。

1. 协调色搭配

协调色搭配分为同类色搭配和近似色搭配。

（1）同类色搭配。同类色搭配指深浅、明暗不同的两种同一类颜色相配，比如青配天蓝、墨绿配浅绿、咖啡配米色、深红配浅红等。同类色搭配的服装显得柔和文雅，如粉红色系的搭配，会让整个人看上去柔和很多。

（2）近似色搭配。近似色搭配指两个比较接近的颜色相配，如红色与橙红色或紫红色相配、黄色与草绿色或橙黄色相配等。

2. 对比色搭配

对比色搭配分为强烈色搭配和补色搭配。

（1）强烈色搭配。强烈色搭配是指两个相隔较远的颜色相配，如黄色与紫色、红色与青绿色，这种配色给人的感觉比较强烈。在日常生活中，我们常看到的是黑、白、灰与其他颜色的搭配。因为黑、白，灰为无色系，所以无论它们与哪种颜色搭配，都不会出现大的问题。一般来说，同一种颜色与白色搭配时，会显得明亮；与黑色搭配时，会显得昏暗。因此，在进行服饰色彩搭配时应先衡量一下，到底是要突出哪个部分的衣饰。例如，不要把沉着色彩(如深褐色，深紫色)与黑色搭配，这样会出现和黑色“抢色”的后果，会令整套服装没有重点，而且服装的整体表现也会显得很沉重；黑色与黄色是最亮眼的搭配；红色和黑色的搭配非常隆重，又不失韵味。

(2) 补色搭配。补色搭配是指两个相对的颜色相配，如红与绿、青与橙、黑与白等。补色搭配能形成鲜明的对比，有时会收到较好的效果。黑、白搭配是永远的经典。

(三) 干净整洁的原则

(1) 服装应尽量保持干净清爽的状态。

(2) 服装有污渍时应尽快换洗。

(3) 服装应熨烫平整，外观完好。

(四) 严守规矩的原则

(1) 着装要严守规矩，不可敞胸露怀，不系纽扣。

(2) 着装要注意整体造型，不卷不挽袖口、裤腿。

二、服务人员着装的禁忌

(一) 忌残破

服务人员的服装不能太旧，不能有污渍。职业装是传达企业运营管理理念的重要部分，不合适的穿着会影响企业的形象。

(二) 忌杂乱

(1) 服务人员应统一穿着职业装，不要有的人穿，有的人不穿，给人以杂乱和企业要求不严格的感觉。

(2) 职业装要整套穿，同时要注意鞋袜、衬衣的搭配。

(三) 忌鲜艳

职业装应统一颜色，不能太鲜艳，一般应遵循三色原则，即职业装的颜色不能超过三种。

(四) 忌暴露

职业装在款式上要利于工作，可以新颖时尚，但不能过于暴露。职业装要做到“四不露”，即不露胸、不露肩、不露腰、不露背。在工作场合不能穿露脐装、露背装、低胸装和露肩装。

（五）忌透视

职业装的面料不能太薄，如果透出内衣，则会给人以不雅的感觉。

（六）忌短小

职业装不能太短小，这样既不方便工作，也不雅观。

（七）忌紧身

职业装不能太紧身，否则不方便工作。职业装的尺寸要合身，穿着要得体。

小案例

某公司招聘文秘人员，因为待遇优厚，所以应聘者很多。某大学中文系毕业的小王前去面试，她的应聘条件在所有应聘者中是最棒的：大学期间，在各类刊物上发表了 3 万余字的作品，内容有小说、诗歌、散文、评论、政论等，还为 6 家公司策划过周年庆典，英语表达能力极强，而且小王五官端正，身材高挑、匀称。面试时，小王穿着迷你裙，露出半截大腿，上身着露脐装，嘴上涂着鲜红的唇膏，走到考官面前坐下，随后还跷起了二郎腿，微笑着等待问话。三位考官看到这样的情景时，互相交换了一下眼色，然后主考官说：“王小姐，请回去等通知吧。”她喜形于色地说：“好！”挎起小包飞跑出门。

讨论：(1) 小王能等到录用通知吗？为什么？

(2) 假如你是小王，你打算怎样准备这次面试？

4.3 男士服饰的选择与穿着

在重要会议和会谈、庄重的仪式及正式宴请等场合，男士一般以西服为正装。一套完整的西服应包括衬衫、领带、上衣、西裤、腰带、袜子和皮鞋。

一、男士西服的穿着规范

男士西服（见图 4-4）的穿着规范有以下几点。

图 4-4 男士西服的穿着规范

（一）整体要求

西服合体，熨烫平整，整洁挺括。男士穿着不求华丽、鲜艳，服饰不宜有过多的色彩变化，颜色不宜超过三种。

（二）衬衫选择

正装衬衫应以纯色、浅色为主，白色最常用。衬衫领口应挺括、洁净，衬衫衣领应高于西服衣领 1.5 cm 左右；垂臂时，西服袖口应长于衬衫袖口；抬臂时，衬衫袖口应长于西服袖口 1.5 cm 左右，以表现出西服的层次。

（三）领带的标准

领带是西服的灵魂。在正式场合，男士要打领带，领带有平结、温莎结、半温莎结、交叉结、四手结等系法。领带长度以在皮带扣处为宜。

（四）纽扣系法

西装分为单排扣西服和双排扣西服。单排三粒扣西服宜系上方两粒或中间一粒扣子，两粒扣西服宜系上方一粒扣子；双排扣西服的扣子应全部扣上。

（五）西裤

西裤的长度以触到脚背为宜，裤线应熨烫好，裤扣应扣好，拉链应拉好。

（六）西服口袋

上衣和西裤后侧口袋尽量不放物品，名片、笔等轻薄物品可放在西服左侧的内侧口袋里。

（七）鞋袜

穿西服应配黑色袜子和黑色皮鞋。鞋面应清洁光亮，袜筒不易过矮。

二、男士西服的穿着禁忌

男士西服的穿着禁忌有以下几点：

（1）忌西裤过短。

（2）忌衬衫放在西裤外面。

（3）忌不扣衬衫扣。

（4）忌领带太短（一般长度为领带尖盖住皮带扣）或领带打得歪斜，如图 4-5(a)所示。

（5）忌西服的衣袋或裤袋内鼓鼓囊囊。

（6）忌垂臂时西服的袖口短于衬衫的袖口，如图 4-5(b)所示。

(a)

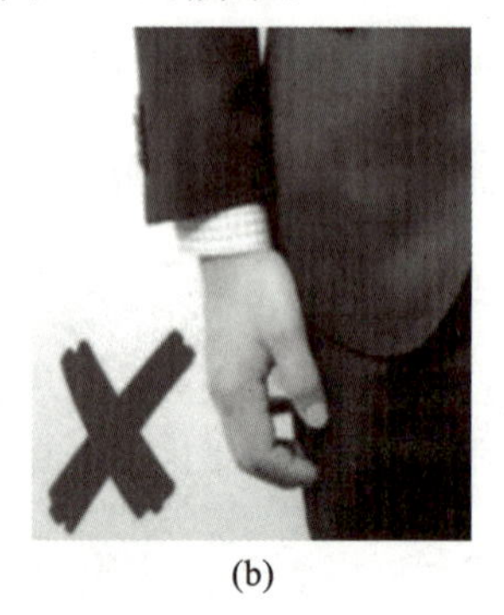

(b)

图 4-5　男士西服的穿着禁忌

(7)忌西服上装所有的扣子都扣上(双排扣西服除外)。

(8)忌西服配便鞋(如休闲鞋、球鞋、旅游鞋、凉鞋等)。

知识拓展

常用的领带打法

1. 平结

平结(见图4-6)是男士们选用最多的领带打法之一,几乎适用于各种材质的领带。采用此种打法打好的领结呈斜三角形,适合窄领衬衫。平结的打法要诀是:宽边在左手边,也可换右手边打;在形成凹凸的情况下,尽量让两边均匀且对称。

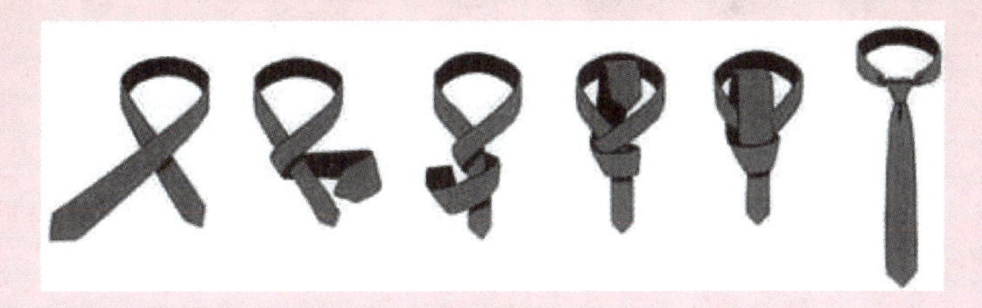

图4-6　平结图解

2. 温莎结

温莎结(见图4-7)是因温莎公爵而得名的领结,是最正统的领带打法。采用此法打好的领结成正三角形,饱满有力,适合搭配宽领衬衫。该种打法应避免使用材质过厚的领带。温莎结的打法要诀是:宽边先预留较长的空间,绕带时的松紧应适当,否则会影响领结的大小。

图4-7　温莎结图解

3. 半温莎结

半温莎结(见图4-8)最适合搭配尖领及标准式领口系列衬衣,它比温莎结小,打好的领结通常位置很正。半温莎结的打法要诀是:使用细款领带较容易上手,适合不经常打领带的人。

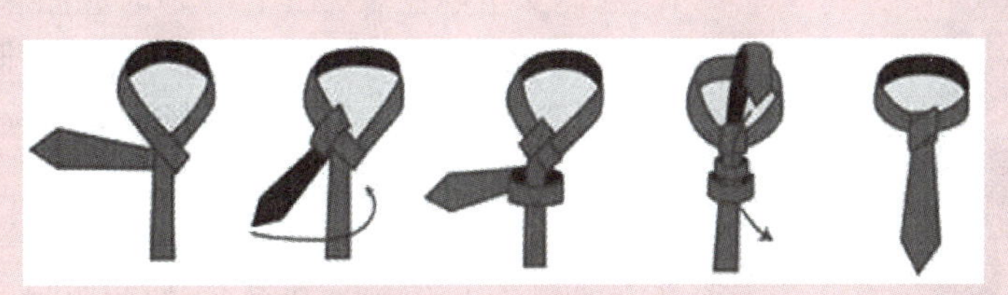

图4-8　半温莎结图解

4. 交叉结

交叉结(见图 4-9)的特点在于打出的领结有一道分割线,适用于颜色素雅且质地较薄的领带。交叉结的打法要诀是:按步骤打完领带时,注意让背面朝前。

图 4-9 交叉结图解

5. 四手结

四手结(见图 4-10)是所有领结中最容易上手的,适用于宽度较窄的领带,适合搭配窄领衬衫,风格休闲,适用于普通场合。因为该领结通过四个步骤就能完成,所以叫作“四手结”。四手结的打法要诀是宽边在左手边。

图 4-10 四手结图解

4.4 女士服饰的选择与穿戴

职业女性在衣着打扮上必须十分注重服装与自己所从事的职业的协调性,要能体现职业女性的气质。

图 4-11 女士职业套裙和套装

一、女士职业装的选择

在选择女士职业装(见图 4-11)时应注意以下事项:。

(1) 女士职业装的款式有职业套裙、职业套裤、分身半职业装、束腰职业装等,应根据不同场合进行选择。

(2) 职业套装应选择质地上乘的面料,上衣与裤子应使用同一种面料。

(3) 西装套裙的款式有很多,如西服裙、一步裙、筒裙、A字裙等。

(4) 职业装的色彩应淡雅、庄重，不宜选择过于鲜亮、扎眼的颜色。套装的颜色要与工作环境相协调，以深色调、冷色为主，上下身色彩可一致，也可以是两种不同的颜色。

二、女士职业装的穿着规范

女士职业装的穿着规范有以下几点。

(一) 上衣

上衣讲究平整挺括，较少使用饰物和花边进行点缀，纽扣应全部系上。

(二) 裙子

裙子以窄裙为主，中老年女性的裙子下摆应在膝盖以下 3 cm 左右，年轻女性的裙子下摆可在膝盖以上 3～6 cm，但不可太短。裙子里面应穿着衬裙。真皮或仿皮的西装套裙不宜在正式场合穿着。

(三) 衬衫

衬衫颜色以单色为最佳选择。衬衫下摆应掖入裙腰之内而不是悬垂于外，也不要在腰间打结，衬衫的纽扣除最上面一粒可以不系以外，其他纽扣均应系好。

(四) 鞋袜

鞋子应是高跟鞋或中跟鞋，款式应以简单大方为主。袜子应是高筒袜或连裤袜，一般不要选择鲜艳的、带有网格或有明显花纹的丝袜。丝袜的颜色应与西装套裙相搭配，穿西服套裙时应穿长筒丝袜，穿裤装时应配矮腰丝袜。

(五) 配饰

正式场合的配饰应质地优良、做工考究，不宜佩戴粗制滥造的饰物，避免佩戴发光、发声、色彩艳丽的夸张的饰物。手提包、首饰、丝巾、胸花等配饰要具有整体美感。

三、女士职业装的穿着禁忌

女士职业装的穿着禁忌有以下几点：

(1) 不要穿过于性感和暴露的服饰。

(2) 薄纱型衣、裙、裤，因其透光性较强，穿着时需有内衬，不然会显得十分不雅。对于外国朋友来说，“透”比“露”更难以让人接受，因为在他们看来，“透”不仅有碍观瞻，而且说明穿着者缺少礼仪。

(3) 丝袜是女性腿部的时装，要注意不穿着跳丝、有洞或补过的丝袜外出。另外，袜子的大小、松紧要合适，不要走不了几步就往下掉，或显得一高一低，当众整理袜子会有失礼节。

知识拓展

西安地铁运营员工的工装

西安地铁运营员工的工装是按照管理人员四季服装、维修人员四季服装、服务人员四季服装三大类进行设计和制作的。在设计工装时注重国际流行时尚元素和古城厚重文化底蕴的结合，从面料、纹样及配饰等方面突出西安地铁职业装的独特性，力求展现员工优雅、大方、亲和及热情洋溢的形象特征，如图 4-12 所示。

图 4-12　西安地铁运营员工的工装展示

4.5 饰品礼仪

饰品是指穿着服装时所搭配的首饰，如手表、项链、耳环等。在现代生活中，饰品与服装都是服饰概念的有机组成部分。饰品也有传播信息的作用，可以表明佩戴者的想法或作为某种特有的表示。另外，饰品不同的佩戴方法还会表达特定的信息。合理地运用配饰会起到提升气质、锦上添花的作用。

一、常见饰品的佩戴礼仪

（一）项链的佩戴礼仪

项链是女性最常用的饰品之一。一件高贵的礼服配上一条名贵的项链，会使女性显得更加华丽。但若对项链的色彩、质地及造型没有一个正确的认识，则佩戴效果可能适得其反。

首先要斟酌的是项链的质地。以质地而论，首推钻石，其次是高雅的珍珠、富贵的金银、神秘的珐琅、古朴的景泰蓝、妩媚的玛瑙、活泼的贝壳、纯真的菩提珠等。一般来讲，金项链给人一种娇贵富丽的感觉，珍珠项链则给人以清雅脱俗之感，它们与合适的服装相配，能给人以华美的总体印象，但若与不适宜的服装搭配，则可能会完全破坏它的装饰作用，甚至会起到反向效果。同样，景泰蓝、玛瑙、珐琅等材质的项链大多颜色深沉、古朴、典雅，配以明亮的对比色可能效果更佳，但若与颜色过于接近的服装相配，也会因混于一色、不易分辨而失去装饰的功能。

其次要考虑项链的造型。细小的金项链只有与无领的连衣裙相配才会显得清秀，而挂在厚实的高领衣服外，会给人廉价的印象。一串长项链下垂到胸部，有助于修饰圆脸和矮胖的体形，能起到增加身高、拉长脸型的效果；而脖子细长的人，以贴颈的短项链，尤以大珠项链最为适宜。

此外，不同的衣装质地、面料、颜色、样式及穿着场合，对项链的佩戴也有不同的要求。虽然没有严格统一的规范，但也需要随时随地留意观察，寻求规律。

（二）耳环的佩戴礼仪

耳环虽小，却是戴在明显而重要的位置上，它的色彩和造型对于人的面部形象、气质风采的影响较其他饰品可能更大，可谓是画龙点睛之笔。

耳环的质地多种多样，常见的有金银、钻石和珍珠三大类，其选择原则与项链相仿，应首先考虑与服装色彩相协调。佩戴熠熠生辉的钻石耳环或洁白晶莹的珍珠耳环，可以配深色高级天鹅绒旗袍或高档礼服，否则会相形见绌，而人们一般习惯佩戴的金银耳环对服装质地没有太多的限制。在色彩方面，一般来讲，纯白色的耳环和金银耳环可配任何衣服，而色彩鲜艳的耳环需要与衣服的颜色相一致或接近。穿淡绿色的衣裙，配上浅黄、浅绿色的耳环会显得清凉和谐，而配上红玛瑙耳环，就会显得不伦不类。

耳环的造型丰富多样，选择的余地也就相对大些。其中面积较大的扣式耳环不适宜方型脸的女性佩戴，因为它会增加脸庞下部的宽度，而对于下颌较尖的脸型而言，正好能弥补其缺陷。一般来说，脸型较宽的女性应佩戴体积较小、长形且贴耳的耳环，这样可以加长和收缩脸型。另外，需要注意的是，在不同的社交场合不宜佩戴同一副耳环。

（三）戒指的佩戴礼仪

戒指不仅是一种重要的饰品，还是特定信息的传递物。虽然它也有钻石、金、银等不同质地，有浑圆、方形及雕花、刻字等不同造型，但其佩戴的方法是一致的，传递的含义也是特定的。戴在食指上，表示未婚；戴在中指上，表示正在恋爱；戴在无名指上，表示已订婚或完婚；戴在小指上，表示单身。西方人习惯男士戴右手，女士戴左手。服务人员应该特别注意准确传递戒指的这种特定信息，不至于在公众面前造成误会。

二、饰品佩戴的原则

在选择饰品上，服务人员应遵循以下原则。

（一）数量宜少

服务人员佩戴饰品时数量宜少，必要时可以不佩戴首饰。如果想同时佩戴多种首饰，最好不要超过三种；如果没有特殊要求，一般可以是单一品种的戒指，或者是把戒指和项链、戒指和胸针、戒指和耳钉两两组合在一起使用。如果佩戴的饰品数量太多，彼此之间不协调，则会给人以烦琐、凌乱或俗气的感觉。

(二) 色彩尽量统一

如果服务人员需要同时佩戴两件或两件以上的首饰时，应要求色彩协调一致。

(三) 依据场合选择

高档饰物，特别是珠宝首饰，适合在隆重的社交场合佩戴，如果在工作或休闲的时候佩戴，就会显得过于张扬。工作时，如果企业允许佩戴饰品，则应佩戴简洁、价格适中的首饰。

(四) 符合身份

服务人员在选择首饰时，不仅要考虑个人爱好，更应当符合自己的身份，要和自己的性别、年龄、职业、工作环境保持基本一致，不要相差太多。

(五) 适合体形

服务人员在选择首饰时，应考虑自身体形的特点，通过首饰的佩戴来弥补自己体形的不足。

(六) 符合季节

季节不同，佩戴的首饰也应不同，如金色、艳色首饰适合冷季佩戴，银色、白色首饰适合暖季佩戴。

(七) 服饰协调

佩戴首饰是服饰整体搭配的一个环节，服务人员要兼顾所穿服装的质地、色彩、款式，尽量使两者相得益彰。

(八) 尊重习俗

不同的地区、不同的民族，佩戴首饰的习惯做法也存在差异，要了解并且尊重各地的习俗。

小案例

小刘去一家外企进行最后一轮总经理助理的面试。为确保万无一失，这次她做了精心的打扮。一身前卫的衣服、时尚的手环、造型独特的戒指、闪亮的钻石项链、新颖的耳坠，身上每一处都精心设计，和她一起参加面试的竞争对手只是一个相貌平平的女孩，小刘感觉自己应该是稳操胜券了。之后的结果却出乎她的意料，她没有得到这家外企认可。

讨论：(1) 你认为小刘失败的原因是什么？

(2) 如果你是小刘，你会怎样准备这次面试呢？

思考与练习

1. 简述 TPO 的基本原则。
2. 简述服饰礼仪的作用和影响。
3. 简述饰品佩戴的原则。

单元 5　城市轨道交通服务人员的仪态礼仪

学习目标

(1) 了解城市轨道交通服务人员的基本仪态礼仪。

(2) 掌握站姿、坐姿、行姿及手势的具体要求，并能在工作中熟练应用。

仪态是指人在行为中的姿态和风度。姿态是指人的身体所呈现的样子,风度则属于气质方面的表露。在人际交往中,人的情感往往会借助身体的各种姿态表露或流露出来,这就是我们常说的"体态语言",它是一种无声的语言。仪态美是一个人形式美和内容美的统一,优美的仪态可以展现个人的魅力,给人以美感,可以弥补相貌上的某些小缺陷。英国哲学家培根说过:"在美的方面,相貌的美高于色泽的美,而优雅合适的动作的美又高于相貌的美。"

一个人的仪态还直接展示着他的气质与风度。柏拉图认为:"最美的境界是心灵的优美与身体的优美和谐一致,融成一个整体。"一个人的仪态美,虽然主要是一种外在美,是以高雅的气质、迷人的风度为具体表现形式的,但它必须建立在内在美的基础上,并准确地将其表现出来。只有外在美和内在美相结合,才能体现仪态美。仪态美的内容是极其丰富和复杂的,它不仅具有多层次、多侧面的特点,而且包括了一个人的智慧、个性、心理、道德等各种因素及其表现出来的功能。所以说,外在美如果离开了内在美,就成了无源之水、无本之木。

对于一个社会成员来说,仪态的作用是塑造和展示其个人形象。个人礼仪往往是通过个人仪态展现出来的,仪态也会影响到个人在社会交往中所得到的整体评价。

5.1 面部礼仪

面部礼仪在人际交往的过程中起着决定性作用,一个人对他人的态度,甚至于内心对事物的好恶都能从面部表情中流露出来。城市轨道交通服务人员在与乘客交往的过程中,其面部表情可以带给乘客最直接的感觉和情绪体验。当服务人员的表情与语言、行为相一致时,就会拉近自身与乘客间的距离。同时,好的面部表情也能给乘客带来好的心情,让双方的沟通更加容易。

一、面部礼仪的基本原则

服务人员在与乘客进行交流时,面部礼仪的应用要遵循以下四个原则:

(1) 谦恭。谦恭是服务人员主动向乘客表示尊敬的一种方式,是服务对象首要的心理需求,也是评价服务水平的重要标准。

(2) 友好。友好是服务人员主动向乘客表示希望与之沟通的表现形式,是顺利完成交流的重要基础。

(3) 适时。适时要求服务人员的面部表情要与所处的场合和工作情景相协调,要求服务人员有较强的应变能力和对情景氛围的感受能力。

(4) 真诚。服务人员所有的语言和行为,如果不是建立在真诚的基础上,都会背离服务目标走向虚伪,而虚伪必将导致服务失败。

二、面部礼仪的基本要素

(一) 目光

眼睛能够显示人类最明显、最准确的交际信号,能准确地表达人们的喜、怒、哀、乐等感情。服务人员应学会正确地运用目光，为乘客创造轻松、愉快、亲切的环境与气氛，消除陌生感，缩短距离。

1. 正视乘客

服务人员在接待乘客时，无论是问话答话、递接物品，还是收找钱款，都必须以热情柔和的目光正视乘客的眼部，向其行注目礼，使之感到亲切温暖。

2. 目光要保持合适的高度

在目光的运用中，平视的目光显得礼貌和诚恳，更能引起他人的好感。例如，当站着的服务人员与坐着的乘客说话时，身子应稍微弯下，以求拉平视线；当服务人员的侧面有人问话时，应先侧过脸去正视乘客，然后再作答。

3. 运用目光向乘客致意

当距离较远或人声嘈杂、言辞不易传达时，服务人员应用亲切的目光向乘客致意。

4. 连续注视对方的时间要适当

在与乘客有视线接触时，服务人员连续注视对方的时间最好在 3 s 以内。在许多文化背景中，长时间的凝视、直视、侧面斜视或上下打量对方，都是失礼的行为。

想一想……

当服务人员和乘客进行交流时，如果双眼一直注视对方，会带给对方什么样的感觉？

5. 接触方向要合适

目光的接触方向可以分为三个区域：上三角区（眼角至额头），处于仰视角度，常用于下级对上级汇报的场合，表示敬畏、尊敬、期待和服从等；中三角区（眼角以下面部），处于平视、正视的角度，表示理性、坦诚、平等、自信等；下三角区（前胸），属于隐私区、亲密区，不能乱盯。服务人员注视乘客时，应以中三角区为宜。

（二）微笑

微笑是仅限于脸部肌肉运动的收敛的笑，由从嘴角往上牵动颧骨肌和环绕眼睛的括纹肌的运动所引起，并且左右脸是对称的。微笑语在人类各种文化中的含义基本相同，能超越文化而传播，是名副其实的“世界语”，这是因为人类的笑脸表达着同样的情绪。在人际交往中为了表示相互敬重、相互友好，保持微笑是必要的。微笑是一种健康、文明的举止，是无声的语言，是人们内心愉快感情的外露，是善良、友好、自信、温暖、幸福、宽容、慷慨、赞美的象征。

微笑语是体态语中运用最广、最具魅力的一种形式。美国喜剧演员博格说:“笑是两个人之间的最短距离。”美国心理学家卡耐基的“被人喜爱的六个秘诀”之一就是“用微笑对待他人”。微笑在传达亲切温馨的情感、有效缩短双方的心理距离、增强人际吸引力等方面的作用是非常显著的,因而在服务行业中微笑服务尤其受到推崇。微笑是最富有吸引力、最有价值的体态语。微笑能强化有声语言沟通的功能,增强交际效果;微笑还能与其他体态语相结合,代替有声语言进行沟通。

微笑也是服务人员的一项基本功(见图 5-1),只要对工作、对乘客怀有诚挚的感情,就会发出真心的微笑,这种发自内心的、轻松友善的微笑,是乘客需要的微笑,也是最美的微笑。服务人员在微笑中不仅可以充分而全面地体现自信和热情,而且能表现出温馨和亲切,给乘客留下美好的心理印象。

图 5-1 微笑是服务人员的基本功

1. 微笑的种类

(1) 温馨的微笑,如图 5-2(a)所示。温馨的微笑是只牵动嘴角肌,两侧嘴角向上高于唇心,但不露出牙齿。这种微笑适用于和陌生乘客打招呼时。

(2) 会心的微笑,如图 5-2(b)所示。会心的微笑是嘴角肌、颧骨肌与其他笑肌同时运动,微微露齿,但要有眼神交流或致意的配合。这种微笑适用于表示肯定、感谢时。

(3) 灿烂的微笑,如图 5-2(c)所示。灿烂的微笑是嘴角肌和颧骨肌同时运动,露出牙齿,一般以露出 6～8 颗牙齿为宜。这种微笑适用于进行交谈时。

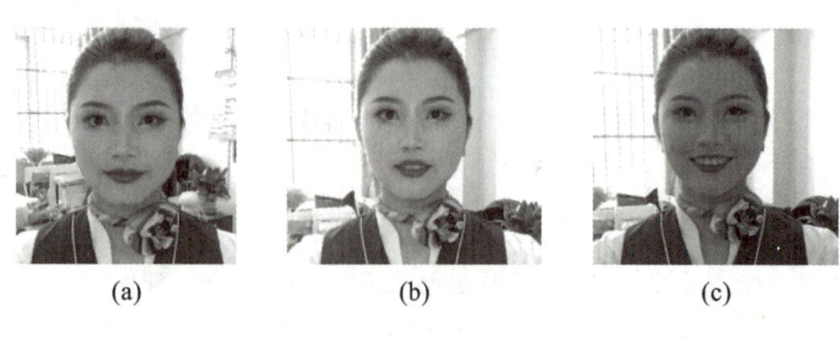

(a) (b) (c)

图 5-2 微笑的种类

2. 微笑的禁忌

(1) 不要缺乏诚意，强装笑脸。

(2) 不要露出笑容后随即收起。

(3) 不要被情绪左右而笑。

(4) 不要把微笑只留给上级、朋友等少数人。

想一想

如果你是一名乘客，你希望服务人员的面部表情是什么样的？

三、面部礼仪的练习方法

面部礼仪的练习方法如下：

(1)发“一”“七”“茄子”“威士忌”等音，使嘴角露出微笑。

(2) 手指放在嘴角并向脸的上方轻轻上提，使脸部充满笑意。

(3) 以对着镜子自我训练为主，对着镜子来调整和纠正“三种”微笑(温馨的微笑、会心的微笑、灿烂的微笑)。嘴角需要同时提起，不要露出牙龈。

(4) 如图 5-3 所示，用门牙轻轻地咬住筷子，嘴角两边都要翘起，并且使嘴角两端与筷子平行，保持这个状态 10 秒，抽出筷子，练习维持之前的状态。

图 5-3　利用筷子进行微笑训练

(5) 情景熏陶法。通过美妙的音乐创造良好的环境氛围，引导学生会心地微笑。

(6) 同学之间通过打招呼、讲笑话来练习微笑，并相互纠正。

(7) 在综合训练时，学生应在教师的监督下学会正确运用表情，注意微笑与眼神协调的整体效果。对于不当之处，教师会现场指出并进行修正。微笑考核评分表如表 5-1 所示。

表 5-1 微笑考核评分表

考核项目	考核内容		分值	自评分	小组评分
表情	三种表情的技巧	温馨的微笑	10		
		会心的微笑	10		
		灿烂的微笑	10		
	展示个人最好的微笑		10		
眼神	不同情景的眼神展示		30		
综合	微笑眼神与形体的展示		30		

5.2 站　姿

站姿是指人在停止行动之后，身体保持直立、双脚着地的姿势。站姿是人们日常交往中的一种最基本的姿态，更是服务人员最常用的工作姿态，它既是一种静态的身体造型，又是其他动态的身体造型的基础和起点。优美的站姿是展现人体动态美的起点，是培养仪态美的基础。

一、基本站姿和站姿要领

基本站姿指人们在自然直立时所采用的正确姿势。标准的站姿应正而直，要做到头正、肩正、身正，颈直、背直、腰直、腿直。

站姿的要领是：站立时目光平视前方，收下颌，面带微笑，颈部挺直，双肩舒展，腹部自然收拢，腰部直立，臀部上提，双臂自然下垂，双腿并拢立直。

二、工作中不同的站姿形式

不同的工作岗位对站姿有不同的要求，无论哪一种形式的站姿，都是在基础站姿的基础上变化而来的。工作人员应在实际工作中选择合适的站姿形式来为乘客服务。服务过程中常见的站姿形式有以下几种。

1. 垂放站姿

双臂自然下垂，双手中指分别放于裤缝或裙缝处，手指自然放松的站姿称为垂放站姿（见图 5-4）。这种站姿适用于训练标准体态或重要领导审查和检阅时。

2. 前搭手位站姿

双手四指并拢，右手在外，左手在内，将右手食指放于左手指根处，并将拇指放于手心处的站姿称为前搭手位站姿（见图 5-5）。这种站姿是工作时运用最多的站姿形式，一般与乘客交流时都采用此种站姿。

图 5-4 垂放站姿

图 5-5 前搭手位站姿

3. 后搭手位站姿

男士右手在外，左手在内，双脚打开，双脚的距离不超过自己肩的宽度，这样的站姿称为后搭手位站姿（见图 5-6）。这种站姿适用于前方无人，或客运服务人员进行巡视时。

三、站姿禁忌

站姿禁忌是指工作人员在工作岗位上不应具有的站立姿势。在与乘客的交流中，工作人员要尽量保持身体各部位处在正确的位置，避免出现以下不良的站姿：

（1）头部歪斜，左顾右盼。

（2）高低肩、含胸或过于挺胸。

（3）双手插兜或叉腰，双臂抱于胸前。

（4）腰背弯曲，小腹前探。

（5）腿部抖动，交叉过大，膝盖无法收拢。

图 5-6 后搭手位站姿

四、站姿训练

服务人员在练习站姿时，可以采用以下方法：

（1）背靠背站立。两人一组，要求两人后脚跟、小腿、臀部、双肩、脑后枕部相互紧贴。

（2）顶书训练（见图 5-7）。在头顶上平放一本书，保持书的平衡，以检测是否做到头正、颈直。

图 5-7 顶书训练站姿

(3) 背靠墙练习。在站立时，服务人员的头、背、臀均紧挨着墙。

5.3 坐 姿

坐姿是指臀部置于椅子、凳子、沙发等物体上，单脚或双脚放在地上的姿势。它是一种静态的仪态造型，是常用的姿势之一。不同的坐姿传达着不同的意义和情感，优雅的坐姿传递着自信、友好、热情的信息，同时显示出高雅庄重的良好风范。

一、坐姿的基本要求

坐姿不仅包括坐的静态姿势，还包括入座和离座的动态姿势。坐姿的基本要求如下：

(1) 入座时要轻稳。走到座位前转身后，右脚向后退半步，然后轻稳地坐下，再把右脚与左脚并齐。如果是女士，入座时应先背对着自己的座椅站立，右脚后撤，用右脚确认椅子的位置，再整理裙边；挺胸，双膝自然并拢，双腿弯曲；双肩自然平正放松，两臂自然弯曲；双手自然放在双腿或椅子、沙发扶手上，掌心向下。

(2) 臀部坐在椅子的 1/2 或者 2/3 处，两手分别放在膝上(女士双手可叠放在左膝或右膝上)，双目平视，下颌微收，面带微笑。

(3) 离座时要自然稳当，右脚向后收半步，然后起立，右脚与左脚并齐。

二、女士的坐姿

常见的女士坐姿有以下几种。

1. 正坐式坐姿

正坐式坐姿要求双腿并拢，上身挺直、落座，两脚两膝并拢，两手搭放在双腿上，置于大腿部的 1/2 处；要求上身和大腿、大腿和小腿都成直角，小腿垂直于地面，双膝、双脚包括两脚的脚跟都要完全并拢，如图 5-8 所示。若是着裙装的女士，则入座时应先用手将裙摆稍稍拢一下，然后坐下。

2. 开关式坐姿

开关式坐姿要求上身挺直，大腿靠紧后，一脚在前，一脚在后，前脚全脚着地，后脚脚掌着地，双脚前后要保持在一条直线上。

3. 侧点式坐姿

侧点式坐姿要求双膝先并拢，然后双脚向左或向右斜放，力求斜放后的腿部与地面成 45°角，如图 5-9 所示。这种坐姿适合于穿裙子的女士在较低处就座。

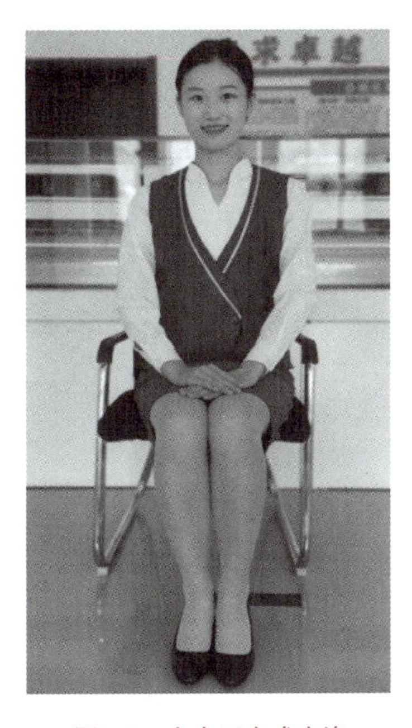

图 5-8　女士正坐式坐姿

图 5-9　女士侧点式坐姿

4. 重叠式坐姿

重叠式坐姿要求先将双腿一上一下交叠在一起，交叠后的两腿之间没有任何缝隙，然后将双腿斜放于左侧或右侧，斜放后的腿部与地面成 45°角，叠放在上的脚尖轻点地面。这种坐姿适用于穿短裙的女士。

三、男士的坐姿

常见的男士坐姿有以下几种。

1. 正坐式坐姿

正坐式坐姿要求上身挺直、坐正，双腿自然弯曲，小腿垂直于地面，两脚和两膝分开一脚长的宽度，双手以自然手形分放在两膝后侧或椅子的扶手上，如图 5-10 所示。

2. 重叠式坐姿

重叠式坐姿要求右小腿垂直于地面，左腿在上重叠，小腿向里收，脚尖向下，双手放在扶手或腿上。

四、坐姿禁忌

禁忌的坐姿是指工作人员在工作岗位或与乘客交谈时不应出现的坐姿。坐姿是人际交往过程中持续时间较长的一种姿态，如果出现以下坐姿，会给对方留下不良印象：

(1) 侧肩、耸肩、上身不正。

(2) 含胸或过于挺胸。

(3) 双臂交叉抱于胸前。双手抱于腿上或夹在腿间。

(4) 趴伏于桌面，背部弓起。

(5) 跷二郎腿，双腿岔开过大，腿部伸出过长。

(6) 脚步抖动，蹬踏他物，脚尖指向他人。

图 5-11 所示为坐姿禁忌示例。

图 5-10　男士正坐式坐姿

图 5-11　坐姿禁忌示例

五、坐姿训练

坐姿训练的要求有如下几点：

(1) 加强腰部、肩部的力量和支撑力训练，进行舒展肩部的动作练习，同时利用器械进行腰部力量的训练。

(2) 按照动作要领体会不同坐姿，经常性地纠正和调整不良习惯。

(3) 每种坐姿训练应持续 10 分钟，以加强腰部的支撑能力。

5.4 行　　姿

行姿是站姿的延续动作，是在站姿的基础上展现人的动态美。无论是在日常生活中还是社交场合中，凡是协调稳健、轻松敏捷的步态都会给人以美感。行姿也能体现城市轨道交通服务人员的基本形象，服务人员的行姿代表着企业的形象和精神。

一、行姿的基本要求

行姿的基本要求有以下几点：

（1）规范的行姿首先要以端正的站姿为基础。

（2）双肩应平稳，以肩关节为轴，双臂前后自然摆动。

（3）上身挺直，头正、挺胸、收腹、立腰，重心稍向前倾。

（4）注意步位。脚尖略开，起步时，身体微向前倾，两脚内侧落地；不要将重心停留在后脚，并注意在前脚着地和后脚离地时伸直膝部。

（5）步幅适当。一般，前脚的脚跟与后脚的脚尖应相距一脚长左右的距离，步伐稳健，步履自然，要有节奏感，保持一定的速度。但因性别不同、身高不同、服饰不同，步幅的大小也有一定的差异。一般情况下，每分钟应行走110步。当然，这还取决于工作的场合和岗位。行姿在整体上要给人以步态轻盈、敏捷、有节奏的感觉。

二、行姿标准

针对不同的工作情况，服务人员的行姿有着不同的标准。

（1）在与乘客迎面相遇时，服务人员应放慢脚步，面带微笑，用目光向乘客致意，并适时伴随礼貌的问候用语。按照右侧通行原则，让乘客先行。

（2）在陪同、引领乘客时，如果与乘客同行，服务人员应遵循以右为尊的原则，走在乘客的左侧；如果是引领乘客，应走在乘客左前方两三步的位置，行进步速应与乘客保持一致。

（3）在进出升降式电梯时，如果无人驾驶电梯，服务人员应让乘客后进先出；如果有人驾驶电梯，服务人员应让乘客先进先出。

（4）在搀扶他人时，服务人员应注意步速与对方保持一致。在行进过程中，服务人员可适当停顿，询问乘客的身体状况。

三、行姿禁忌

服务人员在工作岗位上不应出现如下行姿：

（1）走路“内八字”或“外八字”。

（2）蹬踏和拖蹭地面，踮脚走路。

（3）步速过快或过慢。

想一想

车站的服务人员如果行姿不正确,会有什么影响?

四、行姿训练

(1) 画直线或沿着地面砖的直线缝隙进行直线行走练习。

(2) 顶书练习。训练时在地上画好直线,练习者在头顶平放一本书,以立正姿势站好,出左脚时,脚跟着地,落于离直线 5 cm 处,迅速过渡到脚尖,脚尖稍向外,右脚动作同左脚,注意立腰、挺胸、展肩。

5.5 蹲　　姿

蹲姿是由站姿转换为两腿弯曲,身体高度下降的姿势。蹲姿常用于服务人员捡拾物品时。

一、蹲姿的基本要求

蹲姿的基本要求是:站在所取物品的旁边,一脚前,一脚后,弯曲双膝,不要低头且双脚支撑身体,蹲下时要保持上身挺拔、体态自然。

二、蹲姿的不同形式

蹲姿有以下几种不同形式:

(1) 高低式蹲姿如图 5-12 所示。高低式蹲姿的特征是两膝一高一低。女士两腿膝盖相贴靠,男士膝盖朝向前方。

(2) 交叉式蹲姿如图 5-13 所示。交叉式蹲姿仅限于女士。蹲下时两腿交叉重叠,后腿脚跟抬起,脚掌着地,上身略向前倾。

三、蹲姿禁忌

蹲姿有以下几点禁忌:

(1) 行进中突然下蹲。

(2) 背对他人或正对他人蹲下。

(3) 女士着裙装下蹲时毫无遮掩。

(4) 正常工作中以蹲姿休息。

四、蹲姿训练

蹲姿训练的要点如下:

图 5-12 高低式蹲姿

图 5-13 交叉式蹲姿

(1) 加强脚踝、膝盖等关节的柔韧性，练习提腿、压腿、活动关节等动作。

(2) 蹲姿控制练习，要有意识地控制平衡，保持蹲姿，形成好的习惯。

图 5-14 所示为乘务人员进行蹲姿训练。

图 5-14 乘务人员进行蹲姿训练

5.6 手 势

手势是人们在人际交往中表达意见时用手所做的姿势，是最有表现力的一种体态语言。城市轨道交通服务人员在向乘客介绍、说明、引导时都会使用到手势，准确有效的手势会强化所要表达的意思。

一、手势的基本要求

手势是一种极其复杂的符号，包含着丰富的礼仪。服务人员在与乘客的交往中恰当地运用手势来表情达意，能够起到良好的沟通作用，也会使自己的形象更好和更有风度。手势的运用要规范和适度，具体要求如下。

1. 意思准确

服务人员的手势必须与语言内容相一致，不能让乘客难以理解，甚至误解。虽然相同的手势在不同国家、不同民族会有不同的意思，但手势又有一定的规定性和一致性。

2. 手势要适度

服务人员使用手势时必须控制频率和幅度，如果没有手势，对话内容会有刻板的感觉，但如果手势过多，又会给人留下装腔作势、缺乏涵养的印象。

3. 简单明了

服务人员的每一个手势都力求简单、精练、清楚、明了，要做到干净利索、优美动人，不过于烦琐、拖泥带水。

4. 自然大方

手势的使用要自然大方，不要太机械、过于僵硬。

图 5-15 为城市轨道交通服务人员配合手势对图标进行讲解。

图 5-15 城市轨道交通服务人员配合手势对图标进行讲解

二、手势禁忌

在使用手势时有以下几点禁忌：

(1) 手势与说话的内容不一致。

(2) 不稳重的手势。

（3）手插口袋。

三、手势训练

手势的训练方法是：将右手臂从体侧或前方抬起，五指并拢，手掌垂直地面，首先指向他人身体中端，再水平划向所指的方向，待乘客离去后再将手臂收回。图5-16为服务人员进行手势训练。

图5-16 服务人员进行手势训练

思考与练习

1. 简述仪态礼仪包含的内容。
2. 简述微笑的种类及适用场合。
3. 简述轨道交通服务过程中常见的几种站姿及其适用的场合。

单元6　城市轨道交通服务人员的沟通礼仪

学习目标

（1）了解城市轨道交通服务人员沟通礼仪所包含的种类。

（2）掌握城市轨道交通服务人员的沟通技巧。

（3）掌握城市轨道交通服务人员的规范服务用语。

沟通，是人与人之间交换意见、观点、情况和情感的过程或载体，这一过程是通过语言和非语言行为来完成的。当两个人或更多的人之间希望分享经验、感知、思想、事实或感情时，内部和外部因素经常导致不准确的或无效的感知，因此就需要沟通，需要双方通过语言沟通或非语言沟通，达成理解、谅解或信息的交流。

沟通是一门艺术，需要一定的方法和技巧，更要注重对对方的尊重，这是沟通的核心内容。沟通是在平等、相互尊重的前提下进行的，因此，沟通双方应注意礼节、礼貌。

6.1 会面礼仪

在城市轨道交通服务礼仪中，服务人员在与乘客会面时，应注意以下几方面。

一、问候礼仪

问候是两个人会面时最先向对方传递的信息。如果服务人员能够迅速、积极地表达出自己的诚意和心意，就可以在最初接触乘客时给其留下一个好的印象。服务人员在运用问候礼仪时应注意做到以下几点：

（1）问候要积极主动。主动问候会给乘客温暖的感受，也会在接下来的交谈中占据主动。如果乘客先打招呼了，服务人员一定要立即回应乘客，向其表示问候。

（2）问候的声音要清晰、洪亮且柔和。会面时，对方的心态不可预知，但一声响亮的问候能将气氛调动起来。尤其在早晨、午后、傍晚等时间，乘客的神经尚未完全兴奋，大声地问候会使乘客感到振奋，有利于服务气氛的和谐。

（3）问候时要形神兼备。问候时应注视乘客的眼睛，坦诚地表达对乘客的欢迎，并面带微笑、点头致意。

二、称呼礼仪

由于服务人员在问候乘客时并不知道乘客的姓名及相关信息，因此往往需要运用称呼，如“您”“先生”等。适当地运用称呼，不仅让人觉得彬彬有礼，很有教养，也可以促进陌生人之间的交往，增进熟人之间的友谊。对于服务人员而言，更要学会正确地称呼乘客。在称呼时，服务人员的态度要热情、谦恭，称呼用语要恰当、亲切。

（1）敬称，如“您老”“您”等，多用于尊长、同辈。服务人员在工作中一定要使用敬称，以表示对乘客的尊重。

（2）亲属称谓，就是对非亲属关系的交际对象以亲属关系称呼，通常在非正式交际场合使用。服务人员在为特殊乘客提供服务时可以使用亲属称谓，如“大哥”“大姐”“大伯”“大妈”“大叔”“爷爷”“奶奶”等，不过要注意对方的年龄，一定要称呼得当。

（3）职业称谓，用于较正式的场合，带有尊重对方职业和劳动的意思，如“大夫”“医生”“老师”等，可以冠之以姓。

（4）职称称谓，是对干部、技术人员等的称谓。国家工作人员等在各种交际场所都应该用职称称谓，如书记、经理、主任、主席、教授、工程师等，并在前面加上姓名，在总经理前面一般加姓。

(5) 姓名称谓，在正式场合称呼比较熟悉的同辈人为“老＋姓”(如老王、老张等)；对干部、知识分子等老年男性称“姓＋老”(如李老等)；对小辈称“小＋姓”(如小田等)。

(6) 统称，男性称先生，女性称女士，这是当今社会最为流行的称呼，在服务工作中也可以使用。

三、礼貌用语礼仪

语言是人类社会的交际工具，是人们表达意愿、思想感情的媒介和符号。语言也是一个人道德情操、文化素养的反映。服务人员在与乘客的交往中，如果能做到言之有礼、文雅得体，就会给人留下良好的印象；如果用语不当，甚至恶语伤人，就会令人反感和讨厌。

1. 态度要诚恳亲切

说话本身是用来向他人传递思想感情的，所以，说话时的神态、表情都很重要。例如，当你向别人表示祝贺时，尽管嘴上说得十分动听，表情却是冷冰冰的，那对方一定认为你只是在敷衍而已，所以，说话时必须做到态度诚恳、亲切，只有这样，才能使对方对你产生表里一致的印象。

2. 用语要谦逊文雅

服务人员的日常用语要谦逊文雅，如称呼对方为“您”“先生”等，用“贵姓”代替“你叫什么”，用“不新鲜”“有异味”代替“发霉”“发臭”。多用敬语、谦语和雅语，能体现出服务人员的文化素养及尊重他人的良好品德。

3. 音量适中、语速适当

服务人员的声音应平和沉稳。无论是说普通话、外语还是方言，咬字都要清晰，音量都要适度，以对方听清楚为准，切忌大声说话；语调要平稳，尽量不用或少用语气词，使乘客感到亲切自然。如果语速过快，就会给人敷衍的感觉，仿佛希望尽快完成任务，好离开对方；如果语速过慢，就会让别人觉得工作能力不强，有浪费时间的嫌疑。

礼貌用语礼仪看似简单，但要真正做到并非易事，这就需要服务人员平时加强学习、提高修养，只有这样，才能使服务工作更好地得以开展，才能使我国的优良传统得到进一步的发扬光大。

知识拓展

礼貌用语顺口溜

与人相见说“您好”；问人姓氏说“贵姓”；
问人地址说“府上”，仰慕已久说“久仰”；
长期未见说“久违”，求人帮忙说“劳驾”；
向人询问说“请问”，请人协助说“费心”；
请人解答说“请教”，求人办事说“拜托”；

麻烦别人说“打扰”，求人方便说“借光”；
请改文章说“斧正”，接受好意说“领情”；
求人指点说“赐教”，得人帮助说“谢谢”；
祝人健康说“保重”，向人祝贺说“恭喜”；
老人年龄说“高寿”，身体不适说“欠安”；
看望别人说“拜访”，请人接受说“笑纳”；
送人照片说“惠存”，欢迎购买说“惠顾”；
希望照顾说“关照”，赞人见解说“高见”；
归还物品说“奉还”，请人赴约说“赏光”；
对方来信说“惠书”，自己住家说“寒舍”；
需要考虑说“斟酌”，无法满足说“抱歉”；
请人谅解说“包涵”，言行不妥说“对不起”；
慰问他人说“辛苦”，迎接客人说“欢迎”；
宾客来到说“光临”，等候别人说“恭候”；
没能迎接说“失迎”，客人入座说“请坐”；
陪伴朋友说“奉陪”，临分别时说“再见”；
中途先走说“失陪”，送人远行说“平安”。

四、致意礼仪

致意是把向他人表示问候的心意用行为举止表现出来的一种礼节。礼貌的致意会给人一种友好愉快的感受。致意有以下几种。

1. 点头致意

点头致意适用于在公共场合与熟人见面而又不便交谈时、在同一场合多次见面时、路遇熟人时等情况。致意时要面带微笑，目视对方，轻轻点一下头即可。

2. 微笑致意

微笑致意适用于与相识者或只有一面之交者，彼此距离较近但不适宜交谈或无法交谈的场合。微笑致意可以不附带其他动作，只以微笑示意，不必出声，即可表达友善之意。

3. 举手致意

举手致意与点头致意适用的场合大体相同，是对距离较远的熟人打招呼的一种方式。举手致意的正确做法是右臂伸向前方，右手掌心朝向对方，四指并拢，拇指叉开，轻轻向左右摆动一两下即可。

4. 起立致意

在较正式的场合，有长者、尊者到来或离去时，在场者应起立表示致意。待他们落座或离开后才可以坐下。

5. 欠身致意

欠身致意多用于对长辈或对自己尊敬的人致意。运用这种方式时，身体的上半部应微微一躬，同时点头，但身子不要过于弯曲。

五、鞠躬礼仪

鞠躬是问候的一部分，可充分表达对来者的敬意，一般是下级对上级、服务人员对宾客、初次见面的朋友之间、欢送宾客及举行各种仪式时使用的礼仪。

服务人员行鞠躬礼时需要面对乘客、并拢双脚，视线由对方脸上落至自己的脚前 1.5 m 处（15°）或脚前 1 m 处（30°礼）。男性双手放在身体两侧，女性双手合起放在身体前面。

鞠躬时必须伸直腰部，脚跟靠拢，双脚脚尖处微微分开，弯腰速度适中。常用的鞠躬礼仪包括 15°鞠躬礼、30°鞠躬礼和 90°鞠躬礼，如图 6-1 所示。

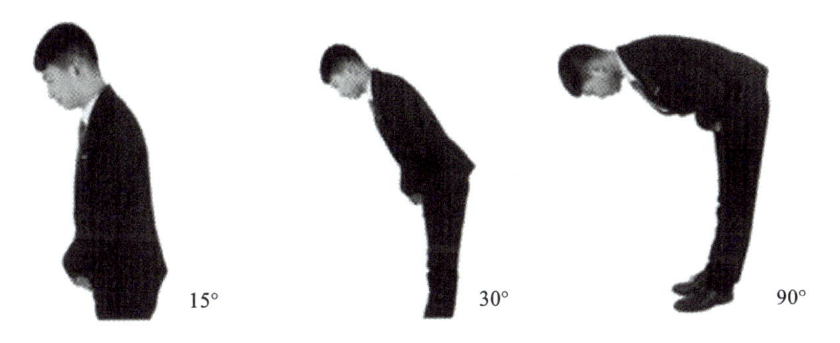

图 6-1 不同角度的鞠躬礼

提 示

在日本，第一次见面时行 30°问候礼，分别时行 45°告别礼。韩国人一般行 60°鞠躬礼，且鞠躬时眼睛不能直视对方。在中国、新加坡、印度尼西亚和马来西亚，多用 15°鞠躬礼。

练一练

两人一组，互相练习鞠躬。先以标准站姿站立，开始鞠躬时，视线由对方脸上落到脚前。熟练后，可模拟以下场景。

场景 1：两人相对站立，相距 3 米以上，开始相向而行，交错时一人停下，面向另一人鞠躬 15°。

场景 2：一人向另一人告别，鞠躬 30°，并且配以相应的语言。

场景3：一人向另一人感谢，鞠躬45°，并且配以相应的语言。

六、握手礼仪

握手是中国人经常使用的见面礼和告别礼，它包含感谢、慰问、祝贺和相互鼓励的意思。行握手礼时，通常距离受礼者约一步，两足立正，上身微向前倾，伸出右手，四指并齐，拇指张开与对方相握，微微抖动3～4次（时间以3秒为宜），然后松开手，恢复正常姿态。握手分解图如图6-2所示。

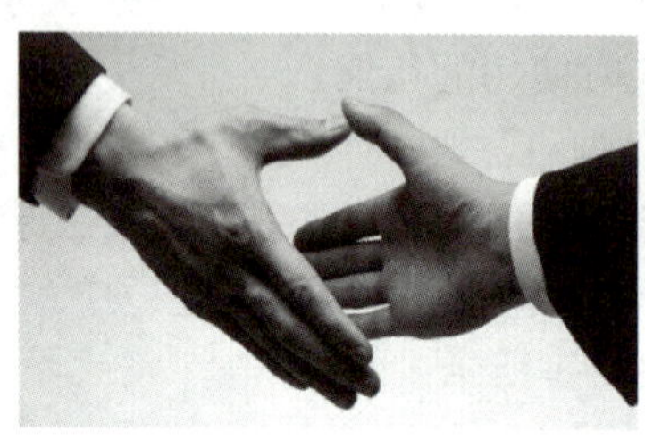

图6-2 握手分解图

握手礼仪常见的注意事项包括以下几点：

（1）男女之间。男方要等女方伸出手后才可握手，如果女方不伸手，没有握手的意愿，那么男方可点头致意或鞠躬致意；如果男方和女方的父辈年龄差不多，男方先伸手是适宜的。

（2）宾主之间。主人应先向客人伸手，以示热情、友好。如接待来宾，不论男女，女主人都要主动伸手表示欢迎，男主人也可以先伸手对女宾表示欢迎。离别时，应由客人先伸手，表示再见；主人此时若先伸手就等于催客人离开，不礼貌。

（3）当年龄与性别冲突时，一般仍以女性先伸手为主，同性年长者应先伸手，年轻者应立即回握。

（4）有身份差别时，身份高者先伸手，身份低者应立即回握。

（5）长幼之间。年幼者要等年长者先伸出手；上级和下级之间，下级要等上级先伸出手；平辈相见时，先伸手者有礼、主动。

（6）握手的力度。握手要紧，表示诚意和感激之情，但不要握痛对方的手，也不可抓住对方的手不放或使劲地摇晃。

（7）速度与时间。伸手的快慢，能说明是自愿的还是勉强的，握手的时间一般为3～5秒。与长者握手时要稍弯腰，与一般人握手时不必弯腰，但也不要腰板笔挺、昂首挺胸，给人造成无礼、傲慢的印象。

（8）面部表情。握手时面部要露出真挚的笑容，以友善的目光看着对方，千万不能一边握手，一边斜视他处、东张西望或和他人说话。

（9）其他注意事项。如果某人正在干活，对方主动伸出手，这时可以一边点头致意，一边摊开双手，表示歉意，取得对方谅解。如果正在干活的人一时疏忽，伸出脏手与对方相握，这时对方应热情回握。干活的人切不可当着对方的面擦自己的手。

提　示

握手有五忌：一忌男士戴着帽子和手套，二忌长久握住异性手不放，三忌用左手同他人握手，四忌交叉握手，五忌握手时目光左顾右盼。

练一练

第一步，两人一组，练习基本的握手要领。主要练习握手时的站立姿势、握手的两个人之间的距离、握手时的眼神、握手的时间和力度等。

第二步，在掌握正确握手姿态后，练习握手的时间。学生2～4人分为一组，自己设计场景，如上级与下级、宾客与主人、地位相等者之间的握手等。

6.2 电话礼仪

电话是现代人最常用的通信工具之一，电话沟通虽然“只闻其声，不见其人”，却能给对方留下完整、深刻的印象。在日常工作中，服务人员必须掌握正确、礼貌的接打电话的方法。图6-3所示为客服人员接听电话。

图6-3　客服人员接听电话

一、做好准备工作

在打电话前，服务人员应将要说的事情进行简单整理，并且准备好纸和笔，以便随时记录有用的信息。打电话应选择恰当的时间、地点和场合。一般来说，早上8点之前或晚上10点之后均不适宜打工作电话，否则会妨碍对方休息。此外，服务人员还要考虑打电话的地点是否安静、打电话时对方是否方便等，嘈杂的环境和不分场合的电话注定不会有好的效果。

二、接听电话

服务人员应尽量在电话铃响三声之内，带着微笑迅速接起电话并说出“您好”，让对方通过电话也能感受到热情。接电话后应主动报上姓名或单位，吐字清晰。如果是呼出电话，服务人员应注意控制通话时间，言简意赅地把事情说清楚；如果是接听乘客电话且谈话内容很长时，服务人员必须给予回应，如使用“是的”“好的”等来表示在认真听。

三、结束通话

要结束电话交谈时，服务人员要感谢对方的来电或接听，用积极的态度感谢对方。一般应当由打电话的一方提出结束，然后彼此客气地道别，说一声“再见”，再挂电话，不可只管自己讲完就挂断电话。

知识拓展

电话常用礼貌用语

(1)（转接占线或同事不在位置上）抱歉，×××正在与客户通话，可否请您告诉我您的姓名，稍后我让×××给您电话？

(2) 感谢您的阐述，为了保证信息的准确，我这里再简单复述一遍，请您看看有没有遗漏的地方。

(3) ×先生/小姐，您的宝贵意见对我们太重要了。

(4) ×先生/小姐，没关系，请您慢慢说。

(5) ×先生/小姐，是的，您的感受我完全理解，我相信通过我们今天的充分交流，我们在许多方面将达成良好共识。

(6) ×先生/小姐，您放心，我稍后将就您提出的问题给予及时处理并在第一时间再次与您沟通。

(7) ×先生/小姐，很高兴能够与您交流。

6.3 交谈礼仪

交谈是建立良好人际关系的重要途径。交谈礼仪的关键在于尊重对方和自我谦让，还要注意交谈的表情、态度、内容和表达方式等。

一、谈话的表情

服务人员在与乘客交谈时，表情要大方、自然，态度应诚恳，面带微笑，语气亲切。切忌边埋头工作边与乘客交谈。图 6-4 所示为站务人员与小乘客交流。

图 6-4 站务人员与小乘客交流

二、文明规范的服务语言

（一）敬语

敬语是指对听话人表示尊敬、礼貌的语言手段。敬语一般运用在以下一些场合：比较正规的社交场合，与师长或身份、地位较高的人交谈，与人初次打交道或会见不太熟悉的人，会议、谈判等公务场合，等等。常用的敬语有“请”“您”“劳驾”“贵方”“贵公司”“谢谢”“再见”。图 6-5 所示为站务人员与乘客交流。

图 6-5 站务人员与乘客交流

敬语，特别是常用敬语，主要在以下几个场景中使用：

（1）相见道好。人们见面时彼此问候“您好”“早上好”。在这里，一个词至少向对方传达了三个意思：表示尊重，显示亲切，给予友情。同时显示了问候者的三个特点：有教养，有风度，有礼貌。

（2）偏劳道谢。在对方给予自己帮助、支持、关照、尊重、夸奖之后，最简洁、及时而有效的回应就是由衷地说一声“谢谢”。

(3) 托事道请。有求于他人时,言语中冠以"请"字,会赢得对方的理解和支持。

(4) 失礼致歉。现代社会,人际接触日益频繁,无论你多么谨慎,也难免会有失礼于亲友、邻里、同事或其他人的时候。如果你能及时在这类事情发生之后真诚地说一声"对不起""打扰您了",就会使对方趋怒的情绪得到缓解。

生活中还有许多敬语可以展现服务人员的素质和修养。例如,拜托语言,如"请多关照""承蒙关照""拜托"等;慰问语言,如"辛苦了""您受累了"等;赞赏语言,如"太好了"等;同情语言,如"真难为你了""您太苦了"等;挂念语言,如"你现在还好吗""生活愉快吗"等,这些都可以归为敬语。

(二) 委婉语和致歉语

委婉语是在服务工作中用来表达不宜直言的人或事物的语言,常常在一些正规的场合及有长辈和女性在场的情况下使用,被用来替代那些比较随便,甚至粗俗的话语。例如,想要上厕所时,宜说"对不起,我去一下洗手间",让对方等候时,要说"请稍等"。致歉语是在服务过程中麻烦、打扰、妨碍了别人时,及时向对方表示道歉的语言。常用的致歉语有"对不起""非常抱款""请原谅""不好意思"等。在工作中,注意致歉语的应用要规范、得体、言行统一。

三、应答礼仪

应答礼仪是服务人员在工作中回答客人询问或回应对方召唤时所展现的礼仪行为。常见的应答用语有"好的""没问题""我知道了""我明白了""您说得对""对,是这样"等。使用应答礼仪时,服务人员应该注意以下几种情形;

(1) 应答乘客询问时,服务人员要集中思想,全神贯注地聆听,不能目视别处,或心不在焉,或说话有气无力。

(2) 应答乘客的提问或对有关事项的征询时,服务人员的语言应简洁、准确,语气应委婉,音量要大小适中;不能随心所欲地谈天说地,或声音过大,或词不达意。

(3) 如果乘客讲话含糊不清或语速过快,可以委婉地请其复述,不能听之任之,凭主观臆想随意回答。

(4) 当需要回答多位乘客的询问时,服务人员应从容不迫,按先后次序、轻重缓急,一一作答,不能只顾一位乘客,而冷落了其他乘客。

(5) 对于乘客提出的无理要求,服务人员必须沉得住气,或婉言拒绝,或回答:"可能不会吧!""很抱歉,我确实无法满足您的这种要求,我帮您找其他人解答。"

知识拓展

服务人员常用服务用语

(1) "十字"文明用语:"您好""请""对不起""谢谢""再见"。

(2) 欢迎语:"欢迎您乘坐地铁""欢迎您来我站检查指导工作"。

(3) 问候语:"先生/女士,您好"。

(4) 告别语:"再见""欢迎您下次乘坐"。

(5) 征询语:"您好,请问有什么可以帮您?""您有什么事情?""您还有别的事情吗?""请您慢些讲""我没听清您的话,您能再说一遍吗?"。

(6) 应答语:"不必客气""没关系""愿意为您服务""这是我们应该做的""我明白了""好的""是的""非常感谢"。

(7) 道歉语:"实在对不起""请原谅""请不要介意""让您久等了""谢谢您的提醒"。

6.4 引导礼仪

服务人员要想将客人带到目的地,应该有正确的引导方法和引导手势。

一、引导方法

引导方法主要有以下几种。

1. 走廊引导法

使用走廊引导法时,服务人员应保持在客人前方两三步的距离,走在客人的左侧。

2. 楼梯引导法

使用楼梯引导法时,当服务人员引导客人上楼时,应让客人走在前面;若是下楼,则是服务人员走在前面,客人在后面。上、下楼梯时应注意客人的安全。

3. 电梯引导法

使用电梯引导法时,当服务人员引导客人乘坐手扶电梯时,使用引导手势为客人做出提示,保证客人安全有序地乘坐电梯。当引导客人乘坐直升电梯时,服务人员应先进入电梯,等客人全部进入后再关闭电梯门,到达时按开门按钮,打开电梯门,让客人先走出电梯。图6-6和图6-7分别为服务人员引导乘客乘坐手扶电梯及直升电梯。

二、引导手势

引导手势的运用要规范。在引路、指示方向时,服务人员应五指并拢,小臂带动大臂,小臂与地面保持水平。根据指示距离的远近,服务人员适当调整手臂的高度,身体随着手的方向自然转动,手臂收回时应略成弧线。在做手势的同时,服务员要配合眼神、表情和其他姿态,显得落落大方。切忌用单个食指指示方位。

图 6-6　服务人员引导乘客乘坐手扶电梯

图 6-7　服务人员引导乘客乘坐直升电梯

思考与练习

1. 简述城市轨道交通服务人员的沟通礼仪所包含的内容。
2. 简述沟通礼仪对于城市轨道交通运营服务质量的影响。
3. 简述致意的种类及适用的场合。

单元7　城市轨道交通车站客运服务礼仪

学习目标

(1) 掌握一卡通(储值票)充值服务、售票服务、补票服务及处理坏票服务的流程和细节,能处理乘客常见的票务问题。

(2) 掌握安检服务的流程和细节,减少乘客纠纷的产生。

(3) 掌握自助售票服务和监票服务的流程及细节,能引导乘客安全快速地进出站。

(4) 掌握乘客候车服务和车站广播服务的流程及细节,保证乘客在站台的安全。

(5) 掌握列车司机服务和车站维修人员服务的细节,增加乘客满意度。

(6) 能利用车站客运服务的一般技巧更好地为乘客服务。

城市轨道交通车站是乘客上下车、换乘和候车的场所，人员流动性大。因此，在做客运服务工作时，车站客运服务人员要树立全心全意为人民服务的思想，坚持全面服务、重点照顾的原则。车站客运服务人员在上岗时应该做到精神饱满、仪容整洁、举止大方、服务规范，认真执行服务标准和作业程序，研究乘客需求，规范仪表仪容，提高服务礼仪水平，让乘客有宾至如归的感觉，充分展示城市轨道交通车站客运服务人员的精神文明风貌和优秀的企业形象。

7.1 城市轨道交通车站客运服务人员的基本要求

一、仪容仪表的要求

为了树立良好的服务形象，城市轨道交通车站客运服务人员需要严格要求自己，规范自己的仪容仪表，具体要求及禁忌如表 7-1 所示。

表 7-1 城市轨道交通客运服务人员仪容仪表的要求和禁忌

分类	基本要求	禁忌
发型	(1) 整齐利落、清洁清爽； (2) 发长过肩的女性必须将头发束起，最好佩戴有发网的头饰，将头发挽于发网内，头花端正； (3) 男性要剪短发，具体要求为“前发不附额，侧发不掩耳，后发不及领”； (4) 女性戴帽子时，应将刘海放入帽子内侧，帽徽应朝正前方，不得歪戴	(1) 头发凌乱，染发过于明显、夸张； (2) 留怪异发型； (3) 女性员工长发遮挡脸部； (4) 男性员工留长发、鬓角遮挡耳部
面容	(1) 女性上岗应着淡妆，保持清洁的仪容，避免使用味道浓烈的化妆品； (2) 男性应保持脸面洁净，不可留胡须； (3) 适时保持亲切的笑容	(1) 化浓妆或怪异妆； (2) 工作时化妆； (3) 使用味道浓烈的化妆品； (4) 男员工留胡须
口腔	(1) 保持牙齿、口腔清洁； (2) 定期除掉牙齿上的尼古丁痕迹； (3) 去除吸烟过多而引起的口腔异味	工作前食用葱、蒜、韭菜等带有刺激性气味的食物
指甲	(1) 时刻保持指甲干净整齐，经常修剪； (2) 只可涂肉色和透明色指甲油	(1) 指甲过长； (2) 使用指甲装饰品

续表

分　类	基本要求	禁　忌
配饰	（1）可以佩戴的饰品有风格简约的手表、婚戒（戒指不可过宽）、一对耳钉（女性）； （2）佩戴纯色镜架和无色镜片眼镜； （3）饰品应自然大方，不可过度夸张	（1）佩戴过分夸张和闪耀的饰物； （2）男员工佩戴耳部饰物

知识拓展

化淡妆的技巧

淡妆应使人看起来不像化过妆，却比没有化妆时更美、更动人。淡妆并不等于简单地化妆，化淡妆需要更细心、更精心。怎样化好淡妆呢？首先我们要牢记一个化淡妆的要诀：强调一个部位。下面就如何化好淡妆进行说明。

1. 选择一套颜色与自己的肤色相近的化妆品

通过分析肤色的仪器可以知道自己的皮肤属于什么颜色，以便选择和自己的肤色相近的化妆品。

2. 擦粉底的技巧

有些人细致地化了妆却看不出已化过妆，有些人虽然只拍了一点儿粉却像浓妆艳抹。这其中的原因就在擦粉底的过程中。在擦粉底时，要注意两点：一是不要用海绵；二是要先把适量的粉膏像擦乳液那样涂在脸上，然后再仔细地进行拍打，注意眼睛、鼻子、嘴的四周都要拍到。

3. 眉毛要一根根地画

擦好了粉底后再来谈谈画眉的方法。首先将眉毛分为三等分，把离眉头1/3处定为眉毛的最高处，然后一笔一笔地画出一道具有理想弧度的眉毛来，采用这种画法画出来的眉毛不但看起来自然，而且有一种时尚感。如果把眉毛的最高处定得稍低一点儿，画出一道较为圆滑的眉毛的话，那将会使女性的整个脸庞显得更柔和、可爱。不管是显得富有活力，还是显得柔和，画眉毛时，都必须一根一根地画，最后用眉刷轻轻一刷，就会出现一道标致的眉形。

4. 眼睛的化妆要特别用心

眼睛是灵魂之窗，所以在画眼睛时要特别用心。眼睛的化妆主要分为涂眼影粉、画眼线、刷睫毛膏三步。

（1）涂眼影粉。涂眼影粉的区域一般为眉毛以下、眼睛以上的整块眼皮，而且最少得用三种同系列的颜色，以越接近眼睛颜色越深的方法来涂擦。例如，眉毛下涂米黄色，可以增加脸部的透明感；接着涂一种带有少量金粉的黄色眼影粉，它能使女性看起来有活力，能提升女性的精气神；接近眼睛的部位则使用颜色较深的咖啡色，可以使女性显得更聪明、更有智慧。

(2) 画眼线。眼线画不画关系到眼睛是否显得轮廓鲜明,所以会化妆的人绝不会图简单而省略这道程序。但是画眼线是需要一定技巧的,应微闭着眼画,而且不要从头画到尾,最理想的画法是从距离眼角 1/3 处开始,贴着睫毛根部画,这样张开眼时,眼线的位置就恰到好处了。画好后,用手指轻轻一抹,就把眼睛的轮廓烘托出来了。

(3) 刷睫毛膏。刷睫毛膏可以使眼睛显得更大,睫毛显得更长、更密。刷的时候,应先从上往下,然后从下往上,这样刷出的效果比较好。

5. 涂胭脂的技巧

面颊涂胭脂对于整个面部妆容来说是非常重要的。胭脂涂得好,能使眼部和唇部的化妆连成一体,否则就会使妆容显得支离破碎。当下流行的胭脂颜色已经不是红色或橙色,而是接近白色的粉红色和米黄色,而且流行把胭脂涂在眼睛下边,这样能使脸部显得年轻、可爱。若以颧骨为中心,将胭脂涂在颧骨两侧的话,会显得比较成熟。但千万别把它涂在颧骨的下边,因为这样会使你看起来老气横秋。现在也有用胭脂代替眼影的,涂的时候,从内眼角向眼尾轻轻刷过,能使眼睛显得更明亮、更有精神,同时可起到遮盖因疲倦引起的黑眼圈的作用。但绝对不能使用深颜色的胭脂代替。若要使脸部更有透明感,则可以在用刷子沾胭脂前,先沾一些用于涂脸部的白粉。

6. 唇彩的涂画方法

只有根据唇彩的颜色使用不同的涂画方法,才能使妆容看起来有气质。上唇的唇山不要画得太高,向唇角画出一条坡度比较低的唇线,能使你看起来聪明、有智慧。此外,别把嘴唇的轮廓画得太明显,这样才能让唇形显得自然。若使用的是深色的唇彩,则只需薄薄地涂上一层即可,并且,下嘴唇要画得大一点,这样才能得到较好的效果。

提 示

(1) 淡妆的基础是肤质良好,就是说隔离、粉底、蜜粉一样都不能缺。

(2) 如果要达到好的淡妆效果,除唇彩、睫毛膏之外,只能任选以上所讲的一种做详细刻画,其余从简。例如,眉毛画了,腮红就要淡,眼影用淡色系的,唇彩用珠光的。

(3) 日常妆一般以腮红、睫毛膏为重点。约会或聚会时可以眼影为中心。

二、着装的要求

城市轨道交通客运服务人员的服饰应整洁大方,并与城市轨道交通的工作性质相协调,具体着装要求及禁忌如表 7-2 所示。

表 7-2 城市轨道交通客运服务人员的具体着装要求及禁忌

分类	基本要求	禁忌
制服	(1) 干净无褶皱； (2) 领口、袖口要保持整洁干净，衬衫放在裤子里侧； (3) 裤袋限放工作证等扁平物品或体积微小的操作工具，避免服装变形； (4) 季节更替时，应按规定更换制服，不得擅自替换	(1) 制服上有异味或污渍； (2) 在套装和衬衫的胸袋内放入钱包、硬币等物品； (3) 缺扣、立领、挽袖、挽裤
鞋袜	(1) 穿着制服时应按规定穿黑色或深色的皮鞋，鞋面保持干净，黑色皮鞋配深色袜子； (2) 女员工着裙装时，长袜颜色应选择与肌肤相贴近的自然色或暗色系中的浅色丝袜； (3) 皮鞋应定期清洁，保持干净光亮	(1) 穿极度磨损的鞋及露脚趾、脚跟的鞋； (2) 穿图案过多的袜子和浅色袜子
工牌	(1) 挂绳式工号牌的照片和字面应朝向乘客，工号牌绳放在制服外侧； (2) 非挂绳式工号牌应佩戴在制服左上侧兜口的正上方位置，工号牌左下角应抵住西服兜口边缘，并与地面保持水平； (3) 佩戴党(团) 徽时，应将党(团) 徽佩戴于工号牌中上方	(1) 胸牌上有装饰物； (2) 胸牌有损坏； (3) 胸牌上的名字模糊、褪色

知识拓展

我国部分城市的地铁制服

1. 北京京港地铁服务人员的制服

北京地铁 4 号线服务人员的制服和空乘的着装很相似。男女都是藏青色的制服，女士戴藏青色的礼帽(见图 7-1)，男士扎黄、黑色相间的领带。

图 7-1 北京京港地铁服务人员的制服

2. 成都地铁服务人员的制服

在色彩选择上，成都地铁服务人员的制服均以蓝色为主旋律，以金沙太阳神鸟的金色作为点缀色。其中，女装马甲的偏襟采用圆弧造型，其设计灵感来源于成都市市花——芙蓉花的花瓣，如图 7-2 所示。

图 7-2　成都地铁服务人员的制服

3. 上海地铁服务人员的制服

上海地铁服务人员的制服(见图 7-3)继承了上海轨道交通标志的红色调和红黑色组合。红色象征着生命、活力、热情。春秋装以绛红色外套搭配深灰色西裤，冬装辅以黑色调，夏装则以粉红色衬衫搭配中灰色下装，符合上海浪漫时尚的气息。

图 7-3　上海地铁服务人员的制服

4. 南京地铁服务人员的制服

南京地铁服务人员的制服分春秋装、夏装和冬装，其中女装为天蓝色(见图 7-4)，男装为藏青色。因为南京地铁 1 号线的主体颜色是天蓝色，所以服务人员的工作服也是蓝色的，两者非常配套。

图 7-4　南京地铁服务人员的制服

5. 西安地铁服务人员的制服

西安地铁服务人员的夏季制服如图 7-5 所示，上衣为淡粉色的短袖衬衫，可挂肩章和袖章，下身为蓝色裤子。淡雅的服饰加上精干的工作人员，带给人年轻、充满朝气的第一印象。根据工作性质的不同，司乘人员分为乘务和站务两种，他们的衣服是一样的，主要靠袖章来区分。

图 7-5　西安地铁服务人员的制服

6. 杭州地铁服务人员的制服

杭州地铁男员工的夏季制服是白色短袖衬衫、深蓝色裤子、湖蓝色领带;女员工的夏季制服是白色短袖衬衫、湖蓝色及膝裙和红白蓝相间的丝巾,如图7-6所示。男款的领带与女款的裙子,女款的丝巾与男款的裤子,颜色都是相呼应的,在简单、严谨之中,不失活泼与灵动。

图7-6 杭州地铁服务人员的制服

三、行为举止的要求

客运服务人员的行为举止体现了个人的文化素养和工作状态,用符合自身角色的标准仪态进行服务,更能被乘客接受,具体要求如下:

(1) 微笑要领。客运服务人员应面带笑意,正视服务对象,适度、适时地表达自己的真诚和友善。微笑是内心情感的一种外在表现,是服务的灵魂,会使人感到亲切和被尊重。

(2) 站姿要领。站立时,应头端、肩平、身正、腿直,挺胸收腹,双肩自然下垂并置于身体两侧。

(3) 引导乘客时,禁止斜肩、含胸、挺腹,身体乱抖动,随意扶、倚、靠,双手抱胸、叉腰。

(4) 坐姿要领。坐下后,上身自然挺直,头部保持端正,双肩平衡放松,目视前方或面对交谈对象。一般不可躺靠座位背部。

(5) 禁止工作时用手托腮或趴在工作台上,抖腿,跷二郎腿,上身大幅度后仰;禁止左顾右盼,摇头晃脑,身体抖动。

(6) 手势要领。指示方向时要手心向上,右手大拇指自然弯曲,其余四指并拢伸直,然后指向对方行进的方向。

(7) 在手持物品时要做到平稳、自然,手部要保持干净。

(8) 在递送物品时要用右手或双手,主动上前递到对方手中;要便于对方接拿,注意物品的尖、刃面向内;接取物品时,应目视对方,用双手或右手接拿,必要时,要主动走近对方。

(9) 禁止使用失敬于人的手势,如手心向下,对人指指点点;禁止使用单指手势;禁止使用不稳重的手势,如在大庭广众之下,双手乱动、乱摸、乱举,咬指甲,折衣角,抓耳挠腮等;禁止使用不卫生的手势,如在他人面前挠头皮、掏耳朵、剔牙、抠鼻孔;禁止使用易于被误解的手势,如伸出右臂,右手掌心向外,拇指与食指合成圆圈,其余手指伸直,这一手势在英、美等国家表示 OK,在日本表示钱,而在拉美国家是一种下流的手势。

(10) 表情应自然大方、真诚稳重、热情专注。在与乘客交谈时,应注视对方双眉正中位置,注视时间不宜过长。

(11) 禁止用生硬、夸张、虚假的表情,忌斜视、久视、上下打量、左顾右盼。一般情况下,客运服务人员既不能不注视他人,也不宜注视对方的头顶、大腿、脚和手臂。与异性相处时,客运服务人员不应注视其肩部以下,尤其是胸部和裆部。

(12) 称呼要领。当乘客来客服中心办事时,客运服务人员应积极主动地打招呼并准确地称呼对方,一般按年龄、性别的不同,称呼对方为“女士”“先生”“老大娘”“老大爷”“同志”等。

(13) 在单位,称呼单位或部门领导时,应以姓氏加职务简称,如“李总”“张主任”等。同事之间可称呼姓氏加职称,如“王工”“李师傅”等。

(14) 不要搞错对方姓氏,也不要读错姓氏。称呼对方时不要搞错年龄、辈分、婚姻状况,以免造成尴尬的局面。在公众场合,不能使用过于个性化、感情色彩浓重甚至庸俗的称呼,如“老板”“头儿”“哥们”等,更不能用绰号代替。禁止使用“喂”“老头儿”“老太婆”“伙计”等称呼。

(15) 接待礼仪。当乘客来票务中心咨询时,服务人员应做到“来有迎声”,如“您好”“请问您有什么需要帮助的”。在为乘客办理业务时,服务人员应认真听取乘客反映的情况。在向乘客解释或者介绍相关业务内容时,服务人员要做到内容简洁真实、时间短、不夸饰、态度谦和、口齿清楚、语速平缓。

(16) 忌讳在给乘客解释业务时,口齿不清、语速过快、张冠李戴。禁止向乘客说“不是我办理的业务我不知道”或推卸责任、不予理睬等。

(17) 当乘客对相关业务的咨询结束后,服务人员应主动和乘客说声“请慢走”,做到“去有送声”。

四、服务用语的要求

语言是为乘客服务的第一工具,城市轨道交通客运服务人员与乘客的交流主要是借助语言进行的,它对做好服务工作有着十分突出的作用。对城市轨道交通客运服务人员的服务用语有以下要求:

(1) 声音甜美。语音标准,咬字清晰;音调热情、亲切、充满活力;音量适度,以对方听清楚为准;语调婉转,抑扬顿挫有感情,令乘客愉快;语速适中,不疾不徐,避免连珠炮式的说话。

(2) 表达恰当,称呼准确。说话力求语言完整、准确、贴切,注意选择词语,使乘客满意。

(3) 讲普通话,避免使用俚语、俗语。

(4) 使用正确的语法。

(5) 避免使用口头禅。

(6) 呼吸正确。用横膈膜浅呼吸，避免说话时断断续续。

(7) 与乘客讲话时坚持使用“请”字开头，“好”字结尾。

乘务员在服务过程中，要经常使用服务用语，做好敬语服务，表现出亲切的态度，让乘客有被尊重的感觉。

7.2 乘客服务中心的服务

城市轨道交通的乘客服务中心(简称客服中心，见图 7-7)担负着整个车站的票务工作，是车站最繁忙的场所之一，其服务水平的高低直接影响着整个车站的服务质量。客服中心也是客运车站的重点工作部门。小小的车票，连着轨道交通与乘客的情感，渗透着轨道交通对乘客的责任。当乘客来到站厅，宽敞的大厅、先进的设备、明亮的窗口、清新的环境，会让乘客耳目一新。乘客服务中心的工作人员若能用亲切、轻柔的声音向乘客问好，用准确、快捷的服务为乘客售票，定会给乘客带来美好的回忆。

图 7-7　乘客服务中心

一、乘客服务中心的基本职责

乘客服务中心的基本职责如下：

(1) 执行相关规章制度，做到有令必行、有禁必止。

(2) 承担整个车站的售补票工作和一卡通充值服务，保证票款正确和安全，并在规定的时间开关售票窗口。

(3) 帮助乘客换取福利票、兑换零钱，负责处理票务问询的相关工作，热情接待乘客，按规定妥善解决乘客提出的问题。

(4) 对无法进出站的乘客的票卡进行分析，并按规定处理乘客的无效票和过期票。

二、乘客服务中心服务人员的基本要求

乘客服务中心服务人员的基本要求如下：

(1) 上岗前，做好仪容仪表的自我检查，必须佩戴工号牌，着统一服装，做到仪表整洁、仪容端庄。

(2) 工作时，应精神饱满、思想集中，不与同事闲聊，上班期间不使用手机。

(3) 售票时，应做到准确无误；对乘客表达不清楚的地方，要仔细问清楚，以免出错。正常情况下，车票、收据与找赎应同时交给乘客，并提醒乘客当面点清找赎钱款。

(4) 仔细聆听乘客的询问，耐心听取乘客的意见；在乘客说话时，应保持眼神接触，并且点头表示明白或给予适当的回应。

(5) 业务熟练，工作有序、高效。

(6) 对于来到客服中心的乘客，工作人员应主动问好，耐心并有礼貌地向他们搜集信息，了解乘客的需要，解决乘客遇到的问题，如未听清乘客的需要，必须有礼貌地说：“对不起，麻烦您再讲一遍。”

来自四面八方的乘客，有着不同的旅行目的、不同的文化背景、不同的脾气禀性，这给售票服务增加了难度。因此，有些车站根据售票窗口的操作流程，形成了“三语两声”的语言规范，即“讲好开头语，坚持标准语，用好结束语，做到服务开头有问候声，服务结束有道别声”。每个车站都可以从中总结规律和经验，让车票又快又好地到达乘客手中。

如果乘客服务中心的服务人员能做到热情、周到，既可以消除乘客的陌生感和不安情绪，又可以取得乘客对售票工作的理解和配合。

三、单程票发售服务

在乘客购买单程票卡时，售票员应该严格执行“一迎、二收、三唱、四操作、五找零、六告别”的程序，基本流程如表 7-3 所示。

表 7-3 单程票发售的基本流程

程　序	内　容	附　图
迎	(1) 面带微笑迎接乘客，说：“您好，请问您去哪儿？需要几张票？”“共×××元。” (2) 不能面无表情、无精打采	

续表

程　序	内　容	附　图
收	(1) 面带微笑地向乘客说:“收您×××元。” (2) 接过票款后,进行验钞。 (3) 不能一言不发	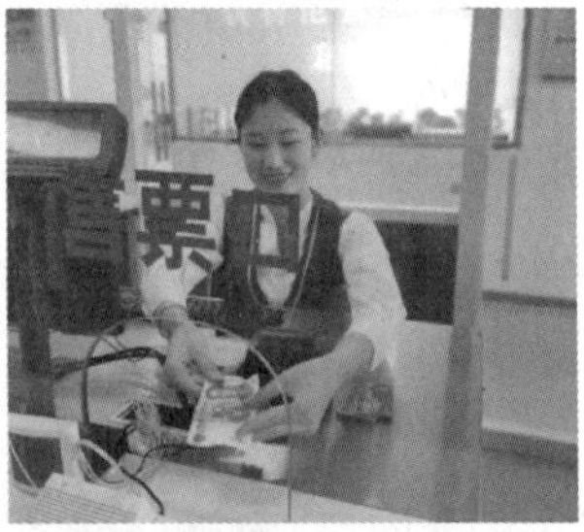
唱	(1) 重复乘客要求的购票张数。 (2) 重复票款金额:“到×车站,单程票×张,共×××元。”	
操作	在半自动售票机上选择相应的功能键,处理车票	
找零	(1) 清楚地说出找赎金额和车票张数。 (2) 将车票和找赎零钱一起礼貌地交给乘客。 (3) 提醒乘客当面点清票款	
告别	向乘客说:“请您慢走”	

练一练

模拟售票现场，进行单程票发售作业（乘客若干、售票员一名）。

场景1：车站出现大客流情况，买票乘客排队较长，很多乘客开始发牢骚……

场景2：某乘客嫌售票速度慢，拼命拍打售票窗口……

四、一卡通发卡和充值服务

（一）一卡通发卡和充值服务的基本流程

在进行一卡通（储值卡）发卡和充值时，应严格遵守“一迎、二收、三确认、四操作、五找零，六告别”的程序，基本流程如表7-4所示。

表7-4 一卡通发卡和充值服务的基本流程

程序	内容
迎	（1）面带微笑，主动向乘客道“您好”。 （2）问清乘客欲购一卡通金额或充值金额
收	（1）收取乘客的票款：“您好，收您×××元。” （2）接过票款后，进行验钞，并将收取的票款放在售票台面上。 （3）严禁拒收旧钞、零币、分币
确认	（1）对于购买一卡通的乘客，提醒乘客根据显示屏确认票卡内的金额。 （2）对于充值的乘客，则需要重复乘客充值的金额和票卡当前的余额，并提示乘客根据显示屏确认充值后的金额：“您卡上的余额是××元，充值××元，充值后金额为××元，请核对信息。”
操作	按照设备使用规定，通过半自动售票机准确发售票卡或充值
找零	（1）清楚地说出找赎金额。 （2）将找零、一卡通、收据或发票一起礼貌地交给乘客。 （3）提醒乘客当面点清票款。 （4）找零做到有新不给旧，有整不给零
告别	“请您慢走”，待乘客离开窗口后，将台面上的票款收好放进抽屉内

提　示

负责售票的工作人员不得携带私款上岗，不允许代人存放物品。

（二）一卡通服务中常见问题的处理

1. 当车站无法办理乘客需要的某些一卡通服务时

（1）售票员要给乘客适当的安抚，向乘客表示抱歉："对不起，目前车站无法办理此项业务。"

（2）售票员应向乘客解释车站没有办理此项业务的权限。

（3）如果乘客需要办理退卡，售票员应告知乘客可以到指定的网点办理退卡，并告诉乘客离本车站最近的网点位置。

2. 当乘客的一卡通无法刷卡进站时

"请您别着急，我帮您查一下"，服务人员应双手接过乘客的票卡，查询乘客一卡通的基本信息，判断无法进站的原因。

（1）如果一卡通余额不足，服务人员应礼貌地提醒乘客充值或购买单程票卡进站："您好，您的票卡余额不足，请您充值后使用，谢谢合作。"

（2）如果乘客已有本次进站记录，服务人员可以告知乘客一张卡只能一人使用，避免出现一卡多人进站的问题。

（3）如果一卡通无上次出站记录，则应补写出站信息，扣除相应的费用，并应提醒乘客出站时也需要刷卡。

（4）如果一卡通消磁，服务人员应礼貌地提醒乘客购买单程票卡进站，并建议乘客到指定网点办理换卡手续。

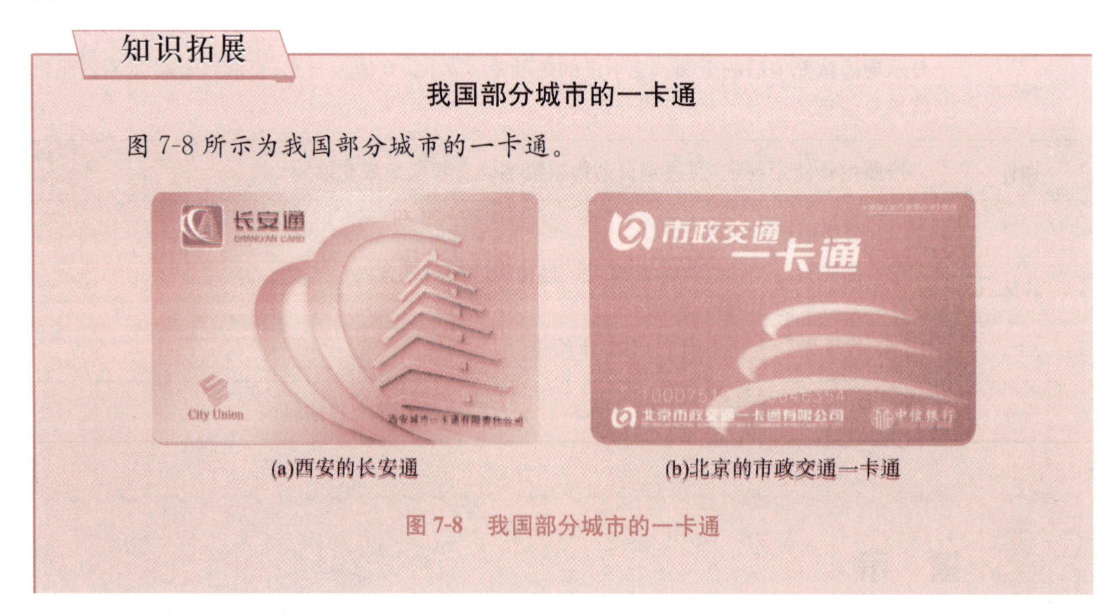

知识拓展

我国部分城市的一卡通

图 7-8 所示为我国部分城市的一卡通。

(a)西安的长安通

(b)北京的市政交通一卡通

图 7-8　我国部分城市的一卡通

(c)杭州的杭州通　(d)成都的天府通

(e)武汉的武汉通　(f)广州的羊城通

续图 7-8

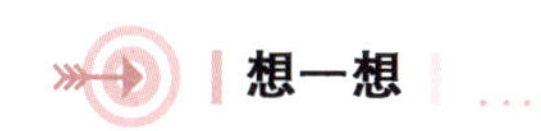

想一想

当一卡通无法刷卡出站时，服务人员应该如何处理？

五、福利票发售服务

发售福利票的基本流程如下：

(1) 售票员主动问候乘客："您好，请出示您的证件。"

(2) "请您稍等。"售票员双手接过乘客的相关证件，核对乘客所持有的免费证件是否有效。

(3) 售票员如实填写"福利票换领记录"，并要求乘客签字确认。

(4) "请您收好，慢走。"售票员将福利票双手递给乘客。

如遇到持有残疾证(视力残疾)的盲人乘客，售票员在向其发放福利票的同时，也需要向其陪同人员发放一张福利票。

小案例

某日，一名男性乘客拿着伤残军人证换福利票，售票员辨认出该证件为伪造证件，于是直接大声指出该证件是伪造的，不同意为其兑换。男乘客觉得没有面子，开口就骂脏话，并且和售票员发生了争吵，影响了正常的售票服务。一分钟以后，售票员请求值班站长协助处理。

讨论：(1) 在上述案例中，售票员有哪些地方做得不合适？

(2) 乘客和售票员争吵的主要原因是什么？如何避免该乘客再次利用伪证？

(3) 如果你是售票员，你会如何处理？

知识拓展

西安地铁票价政策

西安地铁3号线运营之时，票价执行“里程计价”，起步价为2元6公里（含6公里，以下类同），每增加1元，可继续乘坐4、4、6、6、8、8公里。即0～6公里2元，6～10公里3元，10～14公里4元，14～20公里5元，20～26公里6元，26公里以上每增加8公里增加1元。

优惠政策如下：

持长安通卡乘车可享受9折优惠；中小学生持“长安通学生卡”的，享受5折优惠；西安市70周岁及以上老年人在地铁运营高峰时段（每日7:00～9:00，17:00～19:00）须凭有效车票乘车，非高峰时段可持“长安通老年卡”免费乘车。此外，革命伤残军人、伤残人民警察、盲人凭有效证件免费乘车。一名成年乘客可免费带一名身高不足1.3米的儿童乘车，若超过一名，则须按超过人数购票。

六、处理坏票及其他票务服务

(1) 当乘客的单程票卡不能正常出站时，处理方法如下：

①服务人员应安抚乘客，表示道歉。

②服务人员简单查询票卡的基本信息，若无法识别，则免费换取出站票。

(2) 当乘客因使用不当造成单程票卡明显损坏时，处理方法如下：

①服务人员应适当地安抚乘客：“很抱歉，您的票卡已经损坏，无法正常刷卡。”

②服务人员要求乘客支付单程票卡的成本费，向乘客耐心解释车站的规章制度。

③服务人员帮助乘客换取出站票出站。

(3) 当乘客要求退票时，服务人员应针对不同的情况采用不同的处理方法。

①如果线路运营正常，按照城市轨道交通运营企业的相关规定不予退票，处理方法如下：

a. 说明车站的制度，并向乘客表示抱歉：“对不起，按照规定，我们不能帮您退票。”

b. 向乘客解释单程票卡一律不给退票。

c. 如要办理储值卡退票，则需要到指定的储值票发放点。

②如果线路运营发生故障，具体处理方法如下：

a. 服务人员应安抚乘客，并向乘客道歉："对不起，请稍候，我们马上帮您解决。"

b. 服务人员立即上报值班站长，经值班站长同意后按规定退票。

7.3 站厅服务

城市轨道交通车站的站厅(见图7-9)是车站的门面和窗口，其服务水平的高低是乘客对车站服务产生深刻印象和做出评价的重要依据。客流量的大幅增长和乘客文化层次差异的扩大，给站厅服务增加了新的难度。如何提高站厅服务质量、减少乘客投诉事件的发生已成为现阶段城市轨道交通服务亟待解决的问题之一。

图7-9 城市轨道交通车站的站厅

一、站厅服务的基本职责

站厅服务的基本职责如下：

(1) 执行相关规章制度，做到有令必行、有禁必止。

(2) 密切注意站厅中乘客的动态，若发现有违反城市轨道交通运营管理规定的行为应及时制止。应主动帮助乘客，回答乘客问询，特别注意帮助老、弱、病、残等有困难的乘客。

(3) 引导乘客正确操作票务设备，巡视车站自动售检票设备的运行情况，协助做好票箱、钱箱的更换或清点工作。

(4) 负责巡查站厅、出入口，保证设备设施的正常运行，并做好相关巡查记录。发现安全隐患时应及时报修，发现有故意损坏城市轨道交通设备的行为应及时制止并上报。

二、站厅服务的基本要求

要做好城市轨道交通客运服务，体现现代城市轨道交通客运服务的新面貌，站厅服务是关键而艰难的一个环节。做好站厅服务并上升到礼仪服务的高标准，不仅可以体现城市轨道交通车站的整体管理和服务水平，也能体现一个城市的文明程度，同时，在服务中贯穿良好的文明礼仪也可以改变乘客的行为习惯。因此，工作人员在进行站厅服务时应达到以下基本要求：

（1）必须佩戴工号牌，做到仪表整洁、仪容端庄。

（2）工作时，精神饱满，思想集中，不准闲聊。

（3）当发现乘客携带超长、超大、超重物品时，应禁止其进站，并做好相应的解释工作。

（4）当遇到乘客不能进出站的情况时，要礼貌地引导乘客到客服中心进行票卡的分析。

图 7-10 "小心地滑"警示牌

（5）当遇到漏票的情况时，应态度平和地要求乘客去客服中心进行补票，切不可与乘客争吵或讽刺、挖苦乘客。

（6）留意地面卫生，发现积水、垃圾、杂物等时应及时通知保洁人员处理；同时设置警示牌（见图 7-10），防止乘客摔倒。

（7）负责站厅、出入口的客流组织工作，防止乘客过分拥挤，必要时需采取相应的限流措施。

（8）遇到老人、儿童等需要帮助的乘客时，要协助他们安全进出站。

三、安全检查服务

（一）安全检查服务的基本流程

安全检查（简称安检，见图 7-11）作为与乘客安全息息相关的一项工作，必须严格、规范地执行。检查人员应该以规范的服务流程完成安全检查工作，基本流程如表 7-5 所示。

图 7-11 安检人员为乘客做安检工作

表 7-5 安检的基本流程

程　序	内　容	配　图
迎	检查之前，安检人员应主动提示："您好，请接受安检，谢谢您的合作。"	
操作	检查时，安检人员应主动帮助乘客把包放到检测仪上或抬到桌子上	
告别	检查之后，安检人员应向乘客表示感谢："给您添麻烦了，请您慢走。"并帮助乘客把行李从检测仪上拿下来	

（二）安检服务中常见问题的处理

1. 当发现来客携带超长(超重)的物品时

(1) 安检人员提醒乘客："对不起，您不能携带超长(超重)的物品进站。"

(2) 安检人员应耐心地向乘客解释城市轨道交通的相关规定，建议乘客改乘其他交通工具。

(3) 如遇到态度强硬、固执的乘客，安检人员应让乘客了解他的情况很难处理，如果乘客认为东西太重，不愿意出站，可以寻求其他同事帮助乘客出站。

(4) 如果乘客坚持搭乘，安检人员可要求警方协助。

2. 当发现乘客包内有违禁品时

(1) 安检人员把包拿到一边进行详细检查，避免当着所有乘客的面检查包内的违禁品，让乘客感到难堪。

(2) 安检人员耐心地解释城市轨道交通的相关规定，向乘客详细指出哪些物品属于违禁品。

(3) 如遇到态度强硬、固执的乘客，安检人员可以寻求其他同事的帮助。

3. 当出现客流高峰时

（1）安检人员委婉地提醒乘客加快速度，并提醒后一位乘客做好准备，避免出现拥挤、忙乱的情况。

（2）如果乘客过多，安检人员可以采用手持检测仪进行检查，如图 7-12 所示，以加快安检的速度。

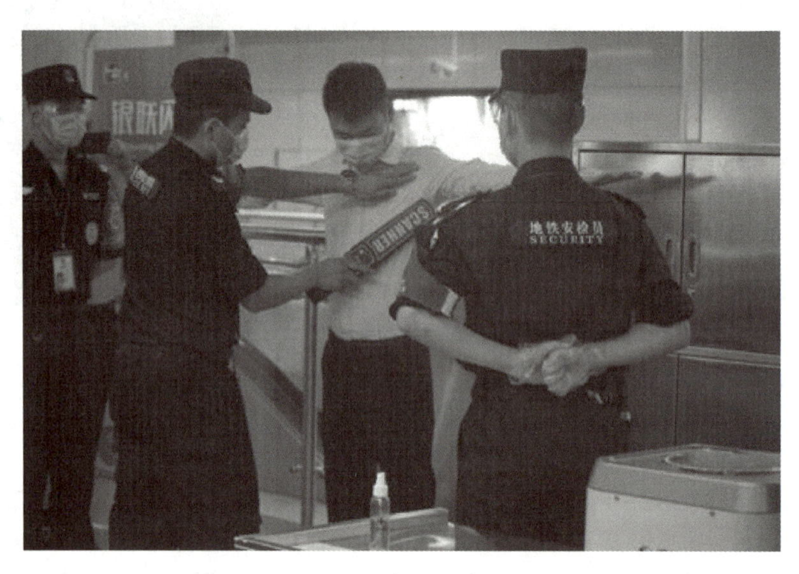

图 7-12　安检人员用手持检测仪进行检查

知识拓展

西安地铁有关违禁品的相关规定

（1）枪支、军用或警用械具类（含主要零部件），包括以下几种：

①公务用枪：手枪、步枪、冲锋枪、机枪、防暴枪等。

②民用枪：气枪、猎枪、运动枪、麻醉注射枪等。

③其他枪支：样品枪、道具枪、发令枪、仿真枪等。

④军械、警械：警棍等。

⑤国家禁止的枪支、械具：钢珠枪、催泪枪、电击枪、电击器、防卫器等。

⑥上述物品的仿制品。

（2）爆炸物品类，包括以下几种：

①弹药：各类炮弹和子弹等。

②爆破器材：炸药、雷管、导火索、导爆索等。

③烟火制品：礼花弹、烟花、爆竹等。

④上述物品的仿制品。

（3）管制刀具，包括匕首，三棱刀（包括机械加工用的三棱刮刀）、带有自锁装置的弹簧刀，以及其他相类似的单刃、双刃、三棱尖刀等。

(4) 易燃易爆物品,包括以燃烧、爆炸为主要特征的氢气、一氧化碳、甲烷、乙烷、丁烷、天然气、乙烯、丙烯、乙炔(溶于介质的)、液化石油气、氧气、水煤气等易燃、助燃、可燃毒性压缩气体和液化气体;汽油、煤油、柴油(闪点≤60 ℃)、苯、酒精、丙酮、乙醚、油漆、稀料(香蕉水、硝基漆稀释剂)、松香油及含易燃溶剂的制品等易燃液体;红磷、闪光粉、固体酒精、赛璐珞等易燃固体;黄磷(白磷)、硝化纤维片、油纸及其制品等易自燃物品;金属钾、钠、锂、碳化钙(电石)、镁铝粉等遇湿易燃物品;过氧化钠、过氧化钾、过氧化铅、过氧乙酸、过氧化氢等氧化剂和有机过氧化物;4 瓶以上的白酒。

(5) 毒害品,包括氰化物、汞(水银)、剧毒农药等剧毒化学品,以及硒粉、苯酚、生漆等具有可燃、助燃特性的毒害品。

(6) 腐蚀性物品,包括盐酸、氢氧化钠、氢氧化钾、硫酸、硝酸、蓄电池(含氢氧化钾固体或注有碱液的)等具有可燃、助燃特性的腐蚀品。

(7) 放射性物品:放射性同位素等放射性物品。

(8) 国家法律、法规规定的其他禁止乘客携带的物品。

四、监票服务

(一) 监票服务的基本流程

监票服务(见图 7-13)的基本流程如表 7-6 所示。

图 7-13　准备进行监票服务

表 7-6 监票服务的基本流程

程　序	内　容
听看	(1) 服务人员听闸机(自动检票机)提示音是否正确，看显示灯(见图 7-14)是否正确。 (2) 如设备提示音或显示灯显示不正确，则应耐心向乘客解释："对不起，请您再刷一次。"
提示	服务人员提示乘客正确刷卡，按顺序进出站
引导	(1) 服务人员引导刷卡成功的乘客迅速进站乘车。 (2) 服务人员引导票卡异常的乘客去客服中心办理

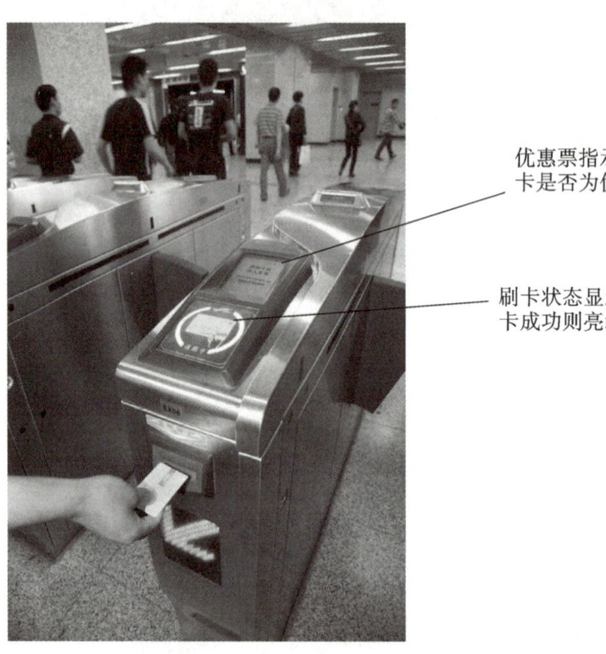

图 7-14 北京地铁首都机场线闸机

(二) 监票服务中常见问题的处理

1. 当乘客初次使用车票时

(1) 服务人员耐心地告诉并指导乘客："请您在××区域刷卡，出站时票卡需要回收，请妥善保管，谢谢您的合作。"

(2) 服务人员在必要时协助乘客使用票卡，注意不要影响其他乘客进出闸机。

2. 当乘客携带大件行李时

(1) 服务人员礼貌地和乘客沟通，建议其使用直梯或走楼梯："您好，您的行李较多，为了您的安全，请使用直梯，谢谢您的配合。"

(2) 服务人员引导乘客从地铁闸机最右侧的宽闸机(见图 7-15)进站。

图 7-15 地铁闸机

3. 当发现成人、身高超过 1.3 m 的儿童逃票或违规使用车票进站时

(1) 服务人员应立即上前制止，并要求其到售票处买票：“对不起，您孩子的身高超过了 1.3 米，请您买票，谢谢您的配合！”

(2) 服务人员若发现违规使用车票的乘客，可按法制程序执行，必要时找公安人员配合。

提 示

如果有儿童进站，服务人员应礼貌地提醒乘客按照“儿童在前，成人在后”的原则刷卡通过闸机，或建议乘客抱起孩子进出闸机。

知识拓展

中国香港地铁的贴心服务

如图 7-16 所示，在香港地铁，测量儿童身高用的简单而又呆板的尺子以卡通形式呈现，这样能吸引小朋友的注意力，小朋友都会自觉地测量身高，为车站的工作人员提供了方便，真正体现了地铁的人性化服务。

图 7-16 香港地铁测量儿童身高的尺子

4. 当发现乘客刷卡正确,但刷卡无效时

(1) 服务人员应主动了解情况,礼貌地向乘客询问是否已经刷过卡。

(2) 如了解情况后仍不能解决,服务人员需要安抚乘客:“您别着急,我帮您查询一下。”

(3) 服务人员引导乘客到客服中心或补票亭进行查询,礼貌地用手掌指示前往的方向。

(4) 若情况许可,服务人员最好能陪同乘客前往,一起解决问题,以免乘客重复提出问题和需要。

(5) 服务人员在服务中应注意使用文明用语,如“请跟我来”“请这边走”“谢谢您的配合”等。

5. 当乘客出站卡票时

(1) 服务人员应主动安抚乘客:“对不起,我们马上为您解决。”

(2) 服务人员查看闸机的状态,发现确实卡票,则按规定办理。

(3) 找到车票后,向乘客询问该车票的信息,确认车票是否为该乘客的,并做好相应的解释和道歉工作。

(4) 若车站计算机没有报警,打开闸机也没有找到车票,服务人员应要求自动售检票系统的维修人员到现场确认。如情况属实,服务人员应对乘客做好解释工作。

五、自助售票服务

1. 当乘客第一次使用自助售票设备时

(1) 服务人员应耐心指导乘客如何使用自助售票设备(见图 7-17 和图 7-18),尽量让乘客自己操作,注意避免直接接触乘客财物,以免发生不必要的纠纷。

图 7-17 自助售票设备

(2) 服务人员应耐心指导乘客如何刷卡进站,并提醒乘客妥善保管票卡,因为出站票卡需要回收。

图7-18 服务人员指导乘客使用自助售票设备

2. 当乘客使用自助售票设备出现卡币现象时

(1) 服务人员检查设备状态,如显示卡币,则向乘客道歉并按票务管理规定办理。

(2) 如显示正常,则按有关规定开启设备维修门,在服务人员确认有卡币现象后,立即向乘客道歉:“对不起,设备出现故障,请您谅解,我会马上为您处理。”

(3) 如打开维修门后,服务人员确认没有出现卡币现象,则应向乘客解释:“对不起,经我们核查,目前机器没有出现故障,按照规定我们不能为您办理,请您谅解和合作。”

提 示

当设备出现故障时,服务人员应主动悬挂故障标志,并及时上报维修。

3. 当乘客使用自助售票设备出现卡票现象时

(1) 服务人员应检查设备状态,如显示卡票,则按规定办理。

(2) 如显示正常,服务人员应打开维修门进行查看,如确有卡票现象则应立即向乘客道歉:“对不起,我们立即为您重新发售车票。”

(3) 如打开维修门后,没有发现卡票现象,则服务人员应向乘客做好解释工作,必要时可以交给值班站长处理。

4. 当发现售票亭处排队乘客过多时

(1) 服务人员应面带微笑,主动进行宣传疏导:“现在购票乘客较多,您可以使用自动售票机购票或充值。”

(2) 服务人员应在征得乘客同意的前提下,引领乘客:“您好,大家请跟我来。”

(3) 服务人员应对乘客的配合表示感谢:“谢谢大家的配合。”

7.4 站台服务

站台(见图 7-19)是车站的重要组成部分。在早晚高峰时期,站台上的来往乘客较多,如果稍有疏忽,就有可能发生安全事故,尤其是在乘客上下车时容易出现混乱,工作人员和乘客之间也容易发生纠纷。因此,站台服务需要将安全理念和服务技巧相结合。站台服务主要包括乘客候车服务、乘客安全服务、重点乘客服务、乘客广播服务、乘客秩序维护等。

图 7-19　西安地铁车站的站台

一、站台服务的基本职责

图 7-20 为西安地铁 2 号线的工作人员正在进行站台服务。站台服务的基本职责如下:

(1) 执行相关规章制度,做到有令必行、有禁必止。

(2) 注意站台乘客的候车动态。在没有设置屏蔽门的站台应提示乘客站在黄色安全线以内候车,及时提醒特殊乘客注意安全(如提醒不便乘坐扶梯的乘客走楼梯),提醒乘客不要倚靠屏蔽门等。

(3) 车门或屏蔽门关门时,应确认其工作状况。若发现未关好,则应及时向综合控制室报告,并负责对出现的故障进行处理。

(4) 帮助乘客,回答乘客问询。

(5) 特别注意帮助老、弱、病、残等有困难的乘客上下车。

(6) 负责站台设备的安全。

二、站台服务的基本要求

站台服务的基本要求如下:

(1) 站务人员必须佩戴工号牌,做到仪表整洁、仪容端庄。

(2) 站务人员工作时,应精神饱满、思想集中,不准闲聊。

图 7-20 西安地铁 2 号线的工作人员正在进行站台服务

(3) 站务人员应保持站台环境清洁,注意站台设备的工作状况,如发生故障,应及时维修,以免给乘客带来不便。

(4) 站务人员应注意乘客安全,当发现个别乘客站在安全线以外时,应给予适当提醒。站务人员应协助乘客安全进出车厢,维持站台秩序,方便开关车门。图 7-21 所示为站务人员通过监视器监控站台乘客的状态。

图 7-21 站务人员通过监视器监控站台乘客的状态

(5) 站务人员应留意站台上乘客的需要,如看到乘客有困难(身体不适、行动不便等)时,应主动上前了解情况,并尽量提供帮助,必要时可以向其他同事求助。

(6) 当遇到突发事件时,站务人员应能及时、正确地进行站台广播。

想一想……

站台设备主要包括哪些？当这些设备发生故障时，站务人员应该如何处理？

三、乘客候车服务

1. 当乘客站在黄色安全线以外候车时

(1) 站务人员应及时提醒乘客："为了您的安全，请在黄色安全线以内候车。"
(2) 如果乘客没有退后，站务人员应立即上前劝阻，使其退到黄色安全线以内。

2. 当乘客采用蹲姿候车时

(1)站务人员应及时上前了解情况，看乘客是否有身体不适的情况。
(2)如果没有，站务人员应提醒乘客："为了您的安全，请勿以蹲姿候车。"

3. 当乘客身体不适时

(1)站务人员应主动上前询问情况，并指引乘客到候车椅上休息。
(2)如果情况严重，则应通知车站综合控制室处理。

4. 当乘客在站台上吸烟时

如发现乘客在站台上吸烟，站务人员应立即上前制止，并有礼貌地解释："对不起，为了大家的安全，车站内不允许吸烟，请您灭掉烟头，谢谢您的合作。"

5. 当乘客企图冲进正在关门的列车时

如果发现有乘客企图冲进正在关门的列车，站务人员应上前阻止(避免和乘客有直接接触)并有礼貌地提醒："请勿靠近车门，下次列车将于×分钟后进站，请等候下班列车。"

6. 当乘客在站台上逗留时

若发现有长时间逗留在站台不出站的乘客，站务人员应主动上前询问情况，避免出现逗留乘客跳轨等紧急情况。

四、问询引导服务

站台服务里有一项服务叫作问询引导服务，即为乘客提供指路服务。在乘客辨不清方向或不知道自己要乘坐哪条线路时，站务人员应及时为乘客提供帮助，从而节省乘客的乘车时间。

例如，有的乘客在候车时，会向站务人员提出这样的问题："请问到××坐哪个方向的车？""请问到××从哪个出口出站？"作为站务人员，一定不能表现出不耐烦的态度，而应该耐心地、详细地进行解答。具体要求如下：

（1）用标准的引导手势指示方向。在站务人员的日常工作中，很多时候都需要为乘客指路，为乘客指示方向时应注意以下几点：

①手臂要从腰边顺上来，五指并拢，打手势时切忌五指张开或表现出软绵绵的无力感。

②手臂伸直，高度应超过自己的胸部。

③视线随手臂过去，很明确地告诉乘客正确的方位。

④待乘客离去后，再将手臂收回。

（2）解答时使用敬语，如“您可以往××方向走”。

（3）当乘客表示感谢时，站务人员应该礼貌地回答“不用谢”或“这是我们应该做的”。

（4）对于乘客提出的问题，当站务人员无法给出确切的答案时需要向乘客解释，并应该向乘客致歉：“对不起，先生（女士），您说的这个地方我不太清楚，不过您可以到车站问讯处，让那儿的工作人员帮您查一下地图，您看好吗？”而不要直接回答“不知道”，或者传递一些错误的或有误导性的信息给乘客。必要时，站务人员可以画一张路线图，详细告诉乘客该去的地方的方位。

五、乘客广播服务

当遇到特殊事件时，站务人员需要正确、及时地进行站台广播。

1. 语音广播

站务人员一般应尽量使用语音广播，并注意如下事项：

（1）广播是否清晰准确。

（2）音量是否过大或过小。

（3）广播是否适时地重复。

（4）广播是否在适当的地点播出。

2. 人工广播

人工广播一般在应急或特殊情况下采用，应注意以下事项：

（1）先提醒乘客注意。

（2）用简洁的语言告知乘客发生的具体事件。

（3）对给乘客带来的不便表示歉意。

（4）对乘客的配合表示感谢。

（5）语速适中，口齿清楚，语调清晰。

想一想 ……

作为一名站务人员，当你从闭路电视系统看到有小孩在站台上追逐打闹时，你应该如何进行广播？

7.5 车站应急服务与特殊乘客服务

一、车站应急服务

乘客在乘车过程中，难免会遇到突发状况。当突发事件发生时，乘客及其身边的人通常会感到不安和慌乱，在这种情况下，站务人员需要根据现场情况进行灵活处理，并且要充分考虑乘客的心理，避免出现尴尬情况。下面针对几种紧急情况给出了相应的应急措施。

1. 当乘客突发疾病时

（1）站务人员应主动上前查看乘客的情况，给予适当的安抚和询问：“您好，您哪里不舒服吗?”“需要帮您叫救护车吗?”

（2）站务人员在征得乘客或其家属的同意后，及时与急救中心联系，必要时可以请求其他工作人员到车站出口迎候急救人员，并疏散周围乘客，保障各个通道畅通无阻，为乘客的治疗争取时间。

（3）站务人员应协助医护人员将乘客送上救护车。

作为站务人员，在工作过程中遇到乘客衣扣脱落等尴尬情况时应如何处理?

2. 当乘客有物品掉落轨道时

（1）站务人员应安抚并提醒乘客：“为了您的安全，请勿私自跳下轨道，请您放心，我会尽快为您处理。”若条件允许，站务人员应及时为乘客取回其掉落的物品。

（2）如果条件不允许，站务人员应告知乘客将于运营结束后下轨道拾回物品：“对不起，目前条件不允许，我们将在运营结束后帮您拾取。”请乘客留下联系方式，便于通知其方便时到车站领回物品。

3. 当有乘客走失时

（1）站务人员应适当安抚走失乘客的家人或朋友。

（2）站务人员应了解情况（走失人员的性别、年龄、特征、走失时间、乘车路线等）并进行登记。

（3）站务人员利用广播在车站内进行协助寻找，如未找到，可上报至运营控制中心，在全线进行广播寻找。在征得走失乘客家人或朋友的同意后，可通知公安部门找寻。

4. 当乘客遗失物品时

乘客遗失物品查找服务的具体程序和内容如表 7-7 所示。

表 7-7 乘客遗失物品查找服务的具体程序和内容

<table>
<tr><th colspan="2">程 序</th><th>内 容</th></tr>
<tr><td rowspan="2">当乘客反映物品丢失时</td><td>接到乘客的反映</td><td>(1) 安抚乘客:“请您别着急,我们马上帮您广播。”
(2) 了解遗失物品的基本特征,以及物品遗失的地点和时间等</td></tr>
<tr><td>采取措施</td><td>(1) 通过广播在本车站内进行询问和查找。
(2) 通过电话向有关车站进行询问和查找。
(3) 找到遗失物品时,协助乘客办理认领,应礼貌核对乘客的身份,确认乘客所述物品与找到的物品一致。
(4) 若没有找到遗失物品,则应向乘客表示抱歉,并将乘客的姓名、身份证号码、联系方式进行记录,以便联系乘客,必要时可以告知乘客向车站属地派出所报案</td></tr>
<tr><td rowspan="2">当乘客捡拾到其他乘客的物品并上交时</td><td>接到遗失物品</td><td>(1) 向乘客表示感谢。
(2) 当着乘客的面,对遗失物品进行详细的清点和记录,并请乘客签字确认</td></tr>
<tr><td>采取措施</td><td>(1) 通过广播寻找失主。
(2) 未找到失主时,将物品上交保管。
(3) 如果有乘客过来认领,应礼貌核对乘客的身份,并请乘客签字确认</td></tr>
</table>

5. 当乘客在车站内发生伤害情况(如被车门夹伤、在扶梯处摔倒)时

(1) 站务人员应安抚乘客情绪,了解伤害状况,对伤口进行简单的消毒处理。

(2) 当乘客提出要去医疗机构检查的要求时,站务人员应按照城市轨道交通的相应规定进行处置,必要时应该让工作人员陪同乘客一起去医疗机构就诊。

(3) 在处理乘客伤害的过程中,站务人员切忌推诿或拒绝其就医要求。对未发生伤害的乘客,要耐心地向乘客解释,讲明公司的规定,必要时,向上级报告,求得解决办法。

二、特殊乘客服务

站务人员对特殊乘客进行服务时要注意以下事项。

1. 老年人

(1) 在售票过程中,售票人员应放慢语速,将音量适当放大(不刺耳,以免惊吓到老年乘客),在服务的过程中要耐心提示、悉心帮助。

(2) 在进出站时,工作人员应礼貌地建议年老的乘客搭乘直梯或走楼梯,如果乘客坚持搭乘自动扶梯,则应由工作人员陪同。图 7-22 为工作人员陪同老人乘车。

图 7-22　工作人员陪同老人乘车

2. 儿童

(1) 年幼的乘客只有在大人的陪同下才可以进入车站,站务人员应提醒乘客遵循儿童在前、大人在后的刷卡进站原则。

(2) 站务人员要特别关注儿童乘车,时时提醒看护人照看好自己的孩子,避免发生因儿童快跑或与其他乘客发生碰撞引发的摔伤事件。

3. 身体不适的乘客

(1) 站务人员及时上前询问情况。

(2) 站务人员带乘客去休息室或综合控制室休息,并帮乘客倒水。

(3) 如果乘客稍作休息后还无好转,站务人员可以征求乘客的意见,看是否需要帮忙叫救护车。

4. 残疾乘客

(1) 残疾乘客由出入口进入站厅时,如果有直梯,站务人员应帮助残疾乘客乘坐直梯;如果没有直梯,就应安排并帮助残疾乘客乘坐残疾人专用电梯,如图 7-23 所示。

(2) 引导与陪同。站务人员在推行轮椅的过程中应注意行进速度和稳定性,在陪护过程中应减少对其他乘客的妨碍,在轮椅行进过程中注意提示周围乘客避让。

图 7-23 残疾人专用电梯

(3) 协助安检。站务人员引导残疾乘客至安检位置,对其行李和轮椅进行检查,尽可能由同性别的工作人员完成检查,尽量减少琐碎的、不变的环节,并给予残疾乘客足够的尊重。

(4) 协助残疾乘客进出付费区。站务人员引导残疾乘客至售票处,代其完成购票,引导残疾乘客从宽通道或专用通道进出付费区,并帮助其刷卡。

(5) 协助上、下车。站务人员引导残疾乘客至站台划定的无障碍候车区域,疏导其他乘客到相邻车门排队候车,使用渡板(见图 7-24)让残疾乘客安全上、下车。上车时,站务人员要将残疾乘客护送至车厢内无障碍专用位置,确认轮椅已经刹车或与列车上的专用挂钩固定,并提醒残疾乘客坐稳扶牢,告知残疾乘客目的车站会有站务人员迎送,然后通知目的车站的站务人员该残疾乘客所乘车次、车号、发车时间、所在车门位置等信息,让目的车站的站务人员做好准备工作。

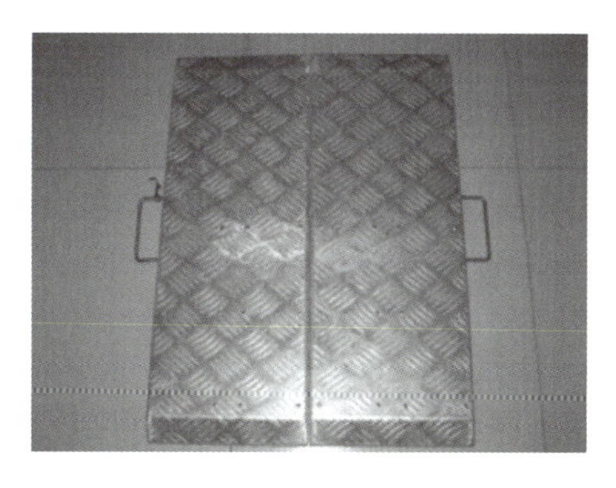

图 7-24 渡板

提 示

在为残疾乘客提供服务时,站务人员需要先征得乘客的同意,在与其进行交流的过程中,不要总盯着乘客的残疾部位。

7.6 列车司机服务

一、列车司机服务的基本要求

列车司机服务的基本要求如表 7-8 所示。

表 7-8 列车司机服务的基本要求

程　序	要　求
上班前	(1) 保证充足的休息,具有良好的精神状态。 (2) 不可在酒后和药物影响下工作。 (3) 按规定穿着制服并检查相关行车备品,认真阅读相关文件
列车启动前	对列车进行专业的检查
列车驾驶过程中	(1) 坐姿正确,目光向前。 (2) 遵守司机守则,专注驾驶列车,不准接打私人电话。 (3) 经常留意路轨和车厢内发生的事情,当乘客有不当行为时,要进行广播劝阻,必要时,及时上报,以免其他乘客受到骚扰或危害。 (4) 及时发现任何潜在的危险,并上报有关部门进行处理
换班	检查自己的仪表,注意提工具包的姿势

二、列车司机服务常见问题的处理

针对不同列车司机在服务过程中遇到的常见问题,可以采用以下不同的处理方法。

1. 当遇到异常情况,需要紧急停车时

列车司机应及时进行广播,通知乘客紧握扶手,避免乘客因碰撞、跌倒而造成损伤。

2. 当车内乘客启动报警装置时

(1) 列车司机应了解乘客的情况:“乘客您好,我是本次列车的司机,请问有什么可以帮到您?”

(2) 列车司机在通话过程中要表明自己的身份,向乘客了解相关信息(发生了什么事情,事情发生的具体位置,情况的严重性,是否可以到下一个车站进行处理等),必要时需要上报相关部门。

(3) 列车司机应安抚乘客:“乘客您好,我已清楚您的信息,我已经通知运营控制中心,请稍候,列车进站后会有站务人员帮助您进行处理。”

3. 当看到有走失的乘客时

(1) 列车司机应安抚乘客,告知马上会有其他工作人员过来处理。
(2) 列车司机应留意乘客的基本特征,如年龄、身高、性别、服装和仪容,及时上报。

4. 当乘客在驾驶过程中拍打驾驶室时

(1) 列车司机不要打开驾驶室车门,不要与乘客隔着驾驶室的窗户对话。
(2) 列车司机应记下乘客投诉的事情
(3) 列车司机应通知运营控制中心安排站务人员在下一站进行处理。
(4) 列车司机应通过广播安抚乘客:“不好意思,我是本次列车的司机,我已经听清楚您的情况,并已经通报给上级,因列车正在行驶中,请稍候,到站后会有站务人员过来帮助您进行处理,谢谢您的配合。”

5. 当列车因事故需要停下一段时间时

列车司机应及时播放广播,向乘客说明原因,得到乘客的谅解。

7.7 车站维修人员服务

一、车站维修人员服务的基本要求

车站维修人员服务的基本要求有如下几点:
(1) 以乘客的安全为大前提。维修时,车站维修人员应尽可能将工作范围缩小,避免影响乘客的出行及其他设施的正常运行,必要时应设置围栏。
(2) 在维修过程中,车站维修人员应在故障设备旁放置提示牌,提示该设备发生故障。
(3) 在搬运维修设备时,车站维修人员应避让乘客,并且避免在地面上拖拉设备。
(4) 在维修完成后,车站维修人员应及时清理杂物,保持车站清洁。
(5) 车站维修人员应注意个人仪表及谈话声音,不得聚集在一起闲谈。

二、车站维修人员常见问题的处理

车站维修人员常见问题的处理方法有以下几种:
(1) 当有乘客想通过故障区域时,车站维修人员应耐心向乘客解释:“对不起,请绕行,我们正在维修设备。”
(2) 当乘客要使用故障设备时,车站维修人员应该给予提醒:“对不起,我们正在维修设备。”
(3) 当维修过程中遇到有乘客问询时,车站维修人员应耐心回答,必要时可以请求其他同事帮忙或指示乘客前往适当的问询地点。
(4) 当维修过程中遇到突发事件时,如乘客乘自动扶梯摔倒,车站维修人员应主动上前了解情况，尽量提供帮助，并及时通知值班站长安排其他员工进行处理。

7.8 车站客运服务技巧

一、秉承积极的服务态度

态度具有相互性，一般来说，你对别人是什么态度，别人对你也会是什么态度。服务人员为乘客提供服务时应秉承积极的服务态度，并做到以下几点。

1. 精神饱满

服务人员为乘客提供的服务属于情感劳动，它虽然不像体力劳动那样会耗费大量的体力，但服务人员无精打采、疲惫、沮丧、不高兴、没耐心等都会影响其在乘客心目中的形象。图 7-25 为精神饱满的地铁工作人员。

图 7-25　精神饱满的地铁工作人员

2. 友善耐心

乘客希望得到友善的服务，期待尊重与关心。不友善的态度及缺乏耐心的举动，很容易激怒乘客，相对于其他问题，它引发的后果更加严重。因此，服务人员应该友善耐心地对待每一位乘客，提高乘客的满意度。

3. 主动热情

在车站环境中，工作人员的角色是服务的提供者，乘客的角色是服务的享受者，乘客希望自己被重视。如果工作人员能够多关心乘客，把乘客的困难当成自己的困难，随时乐意为乘客提供帮助，那么乘客的满意度便会大大提高。

图 7-26 为地铁的工作人员在为乘客答疑解惑。

图 7-26 地铁的工作人员在为乘客答疑解惑

二、了解乘客需求

城市轨道交通的主要服务对象是乘客。客运服务人员只有了解了乘客的需求，才能有的放矢地做好服务工作。了解乘客的需求不仅可以提高服务人员对服务工作的预见性，而且有利于服务人员主动为乘客提供服务。

1. 安全的需求

安全是满足乘客各种需求的基础，也是做好服务工作的一个重要前提。客运服务人员要时刻留意乘客的动态，及时发现不安全的因素，对乘客不安全的行为进行必要的提醒和劝阻，积极防止各种原因造成的乘客摔伤、压伤、挤伤等事故的发生。在劝阻过程中，客运服务人员应充分照顾到乘客的情感需求，要礼貌、耐心，而不是呵斥、埋怨。

2. 快速乘车的需求

乘客选择城市轨道交通作为出行工具，在很大程度上是因为其快捷、准点的特性。如果乘客在进站、安检、购票、候车和出站过程中都要等待很长的时间，那么势必会影响乘客的出行计划，造成乘客不满。因此，服务人员应该不断地提高自己的业务水平，加快作业速度。尤其在客流高峰期，服务人员要充分理解乘客的心情，适当地安抚乘客。

3. 被重视的需求

乘客是城市轨道交通的服务对象，是付款购买城市轨道交通服务的顾客，他们在乘车过程中难免会遇到这样或那样的问题，当他们向服务人员寻求帮助和服务时，服务人员应该多微笑、多体谅，耐心地为其提供帮助，让乘客有被重视的感觉，切忌语言冷淡、爱答不理。

4. 被尊重的需求

城市轨道交通作为城市客运交通的主体之一，为各种职业的城市居民和流动人口提供服务。由于乘客在修养程度、脾气秉性、身体状态和基本素质等方面都有很大的差异，因此在乘车过程中难免会有违规情况(如逃票、小孩超高等)出现。即使乘客有错，服务人员在处理违规情况时也要充分考虑乘客的自尊心，耐心地向乘客解释，要尊重乘客而不是挖苦和训斥乘客。

三、避免乘客纠纷

在城市轨道交通迅速发展的今天，服务人员需要适应客运新形势的要求，提升服务水平，避免与乘客发生纠纷。避免与乘客发生纠纷的主要方法有以下几种：

(1) 唱收唱付法。当乘客购票时，为了避免争执，服务人员要严格执行唱收唱付的票务制度，避免出现票款纠纷。

(2) 微笑服务法。微笑可以提升服务效果，在无形之中化解很多问题。

(3) 和风细雨法。当遇到抱怨时，服务人员不要与乘客争辩，应主动查找不足，妥善处理。

(4) 快速处理法。服务人员应重视乘客的抱怨，快速处理，满足乘客需求。

(5) 换位思考法。矛盾的产生往往是因为双方互不理解，服务人员需要多进行换位思考，更好地了解乘客的需求和情感。

(6) 意见分析法。乘客的意见是改善服务的最大动力，服务人员对乘客的意见要虚心接受，多分析、多改进。

四、化解乘客矛盾

服务人员在化解乘客矛盾时应注意以下几点：

(1) 处处为乘客着想。在客运服务过程中，服务人员在任何时候都要维护乘客的面子，不要伤害乘客的自尊，不要同乘客争辩是非曲直，要耐心解释，包容乘客，争取乘客的谅解。

(2) 不计较乘客的态度。服务人员要时时保持谦恭有礼，表现出冷静、耐心的心态，运用语言艺术引导、劝诫、说服乘客，将矛盾化解于萌芽状态。

(3) 主动承担责任。当遇到乘客不满时，服务人员要学会说“对不起”，很多时候，一句道歉的话就能平息乘客的不满。

思考与练习

一、简答题

1. 列举乘客无法刷卡进站的原因。
2. 列举乘客无法刷卡出站的原因。
3. 在乘客服务中心的服务中，哪些环节容易和乘客发生冲突？应该如何避免？
4. 在站厅服务中，哪些环节容易和乘客发生冲突？应该如何避免？
5. 在站台服务中，哪些环节容易和乘客发生冲突？应该如何避免？

二、案例分析

据报道，上海地铁 2 号线上曾惊现“木乃伊”行为艺术。据网友称，地铁 2 号线开到上海科技馆站时，突然上来一个全身裹着白色纱布的形似“木乃伊”的人。该“木乃伊”一上车，很多人都拿出相机拍照。“木乃伊”还时不时与乘客打招呼，甚至试图握手，把一位女乘客吓得用书遮面，大叫“快走开，太恐怖了！”期间，木乃伊还在一个空位上坐了一会儿。

（1）“木乃伊”的出现会给车站的日常工作带来哪些困难？会出现哪些安全隐患？

（2）作为车站的工作人员，为了不影响其他乘客，可以拒绝“木乃伊”进站吗？

（3）如果你是当班的站务人员，你会如何处理？

单元8　城市轨道交通乘客投诉处理

学习目标

(1) 能够分析乘客投诉的原因。
(2) 掌握处理乘客投诉事件的原则。
(3) 掌握处理乘客投诉事件的技巧。
(4) 明确如何减少投诉的发生。

任何一个组织，包括企业、政府机关、非营利机构，只要提供产品或服务，就有可能遇到投诉。城市轨道交通运营企业作为一个服务性行业，再加上其公共交通的特性，接到乘客投诉是不可避免的。正确认识和妥善处理投诉是良好的企业形象和一流的管理水平的体现。因此，直接面向乘客的服务人员尤其需要掌握投诉处理的相关知识，处理好乘客投诉，以提高企业运营服务质量，切实维护城市轨道交通运营企业的声誉。

8.1 乘客投诉分析

随着市场经济的发展，消费者越来越注重维护自己的权益。以前人们常说多一事不如少一事，但现在越来越多的乘客为了维护自己的权益会选择投诉。当乘客乘坐轨道交通时，会对出行本身和企业服务抱有良好的愿望与期盼，如果这些愿望和期盼得不到满足，就会失去心理平衡，从而产生“讨个说法”的行为，这就是投诉。从广义上说，乘客任何不满意的表示都可以看作投诉。

一、正确认识乘客投诉

只要是服务行业，就无法避免消费者的抱怨和投诉，即使是最优秀的服务企业，也不可能保证永远不发生失误或不引起客户投诉。作为城市轨道交通的客运服务部门，在服务过程中有乘客投诉是很正常的，不能一味地恐惧投诉、厌恶投诉，而应该对投诉有一个清醒的认识，这样才能更好地处理投诉，更有效地改进服务工作并提高服务质量。

乘客投诉是监督和提升服务水平的重要手段，是城市轨道交通企业提高运营服务质量、改进运营服务的工作水平、树立轨道交通品牌的重要环节。为了不断地改进运营服务工作、提高运营服务质量、切实维护轨道交通企业的声誉，服务部门必须加强对投诉处理工作的管理。

知识拓展

美国白宫针对某项服务的调查统计

美国白宫曾就某项服务做过一次全国消费者调查：在不满意的情况下，还会选择该项服务的服务对象有多少？

(1) 在不投诉的服务对象中，只有9%的服务对象表示会再次选择该项服务，有91%的服务对象表示不会再次选择该项服务。

(2) 在投诉后没有得到有效解决的服务对象中，19%的服务对象表示会再次选择该项服务，81%的服务对象表示不会再次选择该项服务。

(3) 在投诉得到解决的服务对象中，54%的服务对象表示会再次选择该项服务，但有46%的服务对象表示不会再次选择该项服务。

(4) 在投诉得到迅速解决的服务对象中，82%的服务对象表示会再次选择该项服务，18%的服务对象表示不会再次选择该项服务。

(5) 在不满意的服务对象中，只有4%的服务对象会投诉，96%的服务对象不投诉，但会将自己的不满告诉20个人以上。

以上数据表明，不投诉比投诉更可怕。当服务对象遇到问题时，如果选择不投诉，对企业来说就是一大损失。因此，企业不仅应该鼓励服务对象投诉，而且要以最快的速度化解服务对象的不满和抱怨，真诚地为他们解决问题，积极地采取补救措施。

作为直接面向乘客的服务人员，应当以积极和欣赏的态度重视投诉、欢迎投诉。

1. 重视投诉

乘客的投诉大多是刺耳尖锐的、直接的、不留余地的。许多服务人员把投诉当成一个“烫手山芋”，希望最好不要发生。可是对于一家企业来说，没有投诉却未必是件好事情。因为投诉往往可以暴露服务中的薄弱环节。

2. 欢迎投诉

乘客的投诉实际上是给企业机会来回顾和检查在乘客服务中处理不当的方面。在处理投诉的过程中，服务人员可以向乘客解释企业的规定和标准，从而使乘客与企业之间能够更好地理解和沟通。因此，作为服务人员，既不需要对投诉感到尴尬，也不需要有畏惧和抵触的心理。

想一想

当乘客执意要投诉并不听劝解时，客运服务人员应该怎么做？

二、乘客投诉的分类

乘客投诉按照不同的分类方式可分为不同的种类。

(一) 按投诉的表达方式分类

乘客感到不满意后的反应一般有两种：一种是说出来，另一种是不说出来。一项调查表明，在所有不满意的乘客中，有69%的乘客从不提出投诉，有26%的乘客向身边的服务人员口头抱怨过，而只有5%的乘客会向投诉管理部门(如客服中心)发起正式投诉。其中，正式投诉根据乘客表达方式的不同可以分为以下三种：

(1) 当面口头投诉。可向企业的任何一名职员进行投诉。图8-1为上海地铁服务志愿者正在耐心解答乘客提出的问题。

(2) 书面投诉。书面投诉的形式包括使用意见箱、邮政信件、电子邮件等。

(3) 电话投诉。电话投诉的形式包括热线电话、投诉电话等。

图 8-1 上海地铁服务志愿者耐心解答乘客问题

（二）按投诉的内容分类

按投诉的内容不同，乘客投诉主要可以分为以下几类。

1. 规范服务方面的投诉

规范服务方面的投诉是指由于城市轨道交通车站员工违反服务标准、在服务过程中态度不佳、使用服务忌语、未按规定操作服务设施而引起乘客不满所造成的投诉。

2. 列车运行方面的投诉

列车运行方面的投诉是指因车辆、设备设施故障或其他突发事件造成列车晚点等不能正常运行的情况，影响服务质量或相应善后处理欠妥造成乘客不满的投诉；也指由于列车司机在列车运行过程中，违反工作标准和操作指引，出现工作失误而引起乘客不满所造成的投诉。

3. 乘车环境方面的投诉

乘车环境方面的投诉是指车站管辖范围、车厢卫生状况及车站、车辆设备设施缺陷或故障，带给乘客不便而造成的投诉。

4. 票款差错方面的投诉

票款差错方面的投诉是指因城市轨道交通员工工作失误，违反设备操作指引和规定，造成票款差错而给乘客带来经济损失的投诉。

除以上四种投诉外，乘客投诉还包括对站内广告、商业网点产品质量、乘客伤亡等方面的投诉。

（三）按投诉的性质分类

按照乘客投诉性质的不同，乘客投诉可分为有责投诉和无责投诉。有责投诉是指因工作人员工作失误、违规操作和设备设施保障不力等而引起的投诉。无责投诉包括两种情况：

一种是由于自然灾害等不可抗力因素导致服务失误而引起的投诉；另一种是由乘客自身原因引起的投诉。对于前者，城市轨道交通企业应该加大应急事件的处理能力；对于后者，城市轨道交通企业应该加强对乘客的宣传教育。

在城市轨道交通运营服务工作中，由员工服务、设施设备、环境卫生、治安、运营管理政策等方面的不足或其他原因引起的乘客投诉，经调查属实，造成一定程度负面影响或乘客利益损害，且相关部门或人员负有责任的，称为有责乘客投诉。有责乘客投诉按事件的性质及产生后果的轻重，分为一类有责乘客投诉、二类有责乘客投诉和三类有责乘客投诉，如表 8-1 所示。

表 8-1 有责乘客投诉的级别及情况描述

级　别	情况描述
一类有责乘客投诉	(1) 不及时放置警示牌，误导乘客。 (2) 不主动维持乘客购票和候车秩序。 (3) 没能礼貌、耐心地解答乘客的问题及帮助有困难的乘客。 (4) 客车门因故障而暂停使用，没有张贴“此门故障，暂停使用”的标识。 (5) 不按规定播放广播或播放不及时。 (6) 接到乘客求助未能及时赶到现场。 (7) 在运营时间关闭出入口，没有张贴相关通知。 (8) 车站公告栏的内容与实际营运不符
二类有责乘客投诉	(1) 对乘客投诉的调查弄虚作假或隐瞒不报。 (2) 与乘客发生争执，有拉扯等行为。 (3) 列车清客时，未做好广播及解释工作。 (4) 末班车未提前做好广播。 (5) 对乘客违反相关法律法规的行为不予制止。 (6) 上岗时干与工作无关的事。 (7) 提前关站或延误开站时间 10 分钟以内的。 (8) 对乘客讲斗气、噎人、训斥、顶撞的话。 (9) 列车清客时，服务人员用东西敲打车厢、推拉乘客。 (10) 票务中心找零不足。 (11) 票务人员找错钱、卖错票，金额在 10 元以下的(作弊行为不在此列)。 (12) 同一部门相同内容的投诉在三个月内达三次以上(时间从第一次投诉计起)。 (13) 由治安问题引起的投诉。 (14) 列车行驶不平稳，造成乘客受伤。 (15) 由于员工失误，错误引导乘客，造成经济损失在 10 元以下的。 (16) 无理拒绝乘客的合理要求。 (17) 未及时更换票筒、钱箱，导致自动售检票系统中断服务。 (18) 不及时疏导乘客，造成拥挤(视情况而定)

续表

级　别	情况描述
三类有责乘客投诉	(1) 对乘客有推、拉、打、踢等粗暴行为。 (2) 讥笑、谩骂乘客，讲有辱乘客自尊心和人格的话。 (3) 作弄、欺瞒乘客的行为。 (4) 由于员工工作失误，乘客经济损失在 10 元及以上的。 (5) 提前关站或延迟开站时间达 10 分钟及以上的。 (6) 利用乘客资料采取不同形式的骚扰、恐吓行为。 (7) 工作中有舞弊行为，使乘客利益受损。 (8) 其他因城市轨道交通服务设备、设施故障，造成乘客利益严重受损或给乘客带来较大不便的

(四) 按投诉的影响范围分类

按投诉的影响范围不同，乘客投诉可分为一般有责投诉和重大投诉。

1. 一般有责投诉

一般有责投诉是指乘客对运营服务质量、服务设施、服务环境进行的投诉，经调查确为运营方责任的有责投诉。

2. 重大投诉

重大投诉是指乘客对运营服务质量、服务设施、服务环境进行投诉，经调查确为运营方责任且造成严重的负面影响，或经媒体曝光，造成较大社会负面影响的有责投诉。

三、乘客投诉产生的过程及投诉的原因

(一) 乘客投诉产生的过程

一般来说，乘客在投诉之前就已经产生了潜在化的抱怨，即对列车运行或者服务存在一定的不满。潜在化的抱怨随着时间的推移会变成显在化的抱怨，而显在化的抱怨作为投诉的一种形式，很有可能会转化为正式投诉。乘客投诉产生的具体过程如图 8-2 所示。

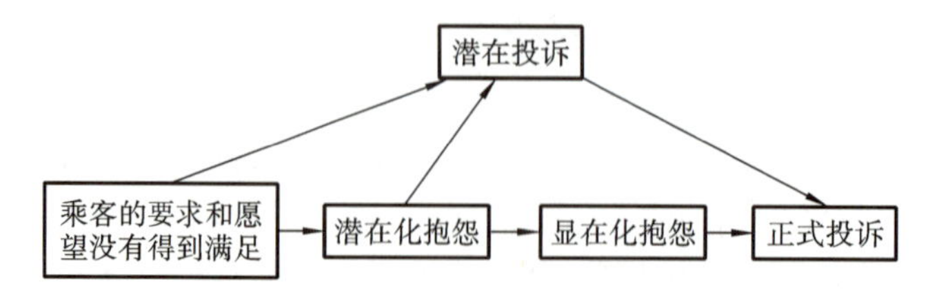

图 8-2　乘客投诉产生的具体过程

（二）乘客投诉的原因

乘客投诉的原因如表 8-2 所示。

表 8-2 乘客投诉的原因

乘客自身的原因	企业服务的原因
（1）乘客对服务的期望值过高，服务人员无法满足乘客的要求。 （2）乘客不了解或不知道企业规定。 （3）乘客本身强词夺理	（1）设备设施故障影响出行。 （2）服务人员不规范作业，业务能力不过关。 （3）服务人员的工作效率太低。 （4）服务人员的说话态度或服务态度不好。 （5）服务人员不作为。 （6）服务人员没有足够的能力解决乘客的问题。 （7）因服务人员的疏忽，乘客的利益遭受损失

小案例

2020 年 10 月，在某城市的地铁车站，一位乘客来到售票窗口，要求为储值卡充值，因为当时正值客流高峰期，该地铁公司规定客流高峰期不能提供充值服务，但售票员并没有解释原因，而是态度生硬地说："不能充值。"当该乘客要求售票员解释原因时，售票员不耐烦地用手指了指旁边的告示，接着就售票给下一位乘客。该乘客认为售票员态度恶劣，便和售票员发生了争执。售票员认为制度规定了客流高峰期不能充值，觉得自己没有做错。而乘客也十分不满，事后进行了投诉。

讨论：（1）如果你是售票员，你会为该位乘客的储值卡充值吗？

（2）在整个事件中，引起乘客投诉的原因有哪些？其中哪个是乘客投诉的最主要原因？

（3）当乘客来充值时，售票员应该如何处理以避免乘客投诉？

8.2 乘客投诉的处理原则

客运服务人员每天都会面对成千上万的乘客，在服务过程中，一句不负责任的话、一个不规范的动作、一种生硬的态度等都可能引起乘客的不满而产生投诉。乘客的投诉千差万别，处理投诉也没有一成不变的方法。面对乘客的投诉，如果能牢记并把握四项原则，就能收到很好的效果。

一、安全第一、乘客至上的原则

在面对乘客投诉时，客运服务人员首先要站在乘客的立场上考虑问题："一定是我们的工作没有做好，给乘客带来了不便。"同时要相信，乘客投诉总是有他的理由的。这是一个非常重要的观念，有了这种观念，客运服务人员才能用平和的心态处理乘客的抱怨和投诉，并且会对乘客的投诉行为予以肯定和感谢。

安全第一、乘客至上是指在保证城市轨道交通安全的前提下，站务人员应最大限度地满足乘客的需求。只有了解到乘客的需求，客运服务人员才能为乘客提供优质的服务。

二、不推脱责任的原则

客运服务人员在执行不推脱责任的原则时应注意以下几点：

(1) 乘客投诉的处理工作应及时、客观、公正、公平、公开，坚持以自我分析为主。

在接到乘客投诉后，城市轨道交通企业的相关部门应通力合作，迅速做出反应，力争在最短的时间内解决问题，给乘客满意的答复。切不可拖延或推卸责任，造成事态恶化，产生不良社会影响。

(2) 乘客投诉的处理工作必须遵循国家法律、法规、标准、制度、办法及行业规定。

(3) 乘客投诉的处理工作必须保护和承认乘客的投诉权利、获得赔偿的权利、监督服务效果的权利。

(4) 乘客投诉的处理工作要坚持"四不放过"原则，即投诉原因分析不清不放过，责任人没有受到严肃处理不放过，广大员工没有受到教育不放过，防范整改措施没有落实不放过。

(5) 乘客投诉的处理工作不得违背企业的社会公开承诺，不得有损企业形象，要有利于提高乘客满意度，降低乘客投诉事件的发生。

很多站务人员面对乘客投诉的第一反应是："是我的责任吗？如果乘客向上级投诉，那么我应该怎么解释？"他们常常会说："如果是我的问题，我一定帮您解决。"这看似十分礼貌，但实际上是一个十分糟糕的开头。站务人员必须清楚地认识到，乘客既然选择投诉，就压根没觉得是自己的错，而是想从你那里得到心理安慰，让你重视他的投诉。面对乘客的投诉和不满情绪，站务人员首先要反思自己的不足，向乘客道歉，只有表明了这种态度，才能更好地处理乘客的投诉。

小案例

2020年2月，一位乘客手持50元人民币到某车站购票乘车，由于列车马上就要进站了，乘客急急忙忙地拿了找的零钱就往站台走，到了进站口才发现自己的车票没了。乘客认为是刚才在慌乱中忘记拿车票了，随即返回售票处向售票员问询，但售票员认为不拿车票是乘客自己的失误，认定是乘客自己把车票弄丢了，不予理睬，随后与乘客发生了争执。

讨论：(1) 在上述事件中，售票员有哪些地方处理不当？

(2) 应如何处理和改善才能降低乘客投诉的概率？

三、先处理情感、后处理事件的原则

美国一家汽车修理厂有一条服务宗旨很有意思，叫作“先修理人，后修理车”。什么叫“先修理人，后修理车”呢？如果一个人的车坏了，那么他的心情肯定会非常不好，这时修理人员应该先关注这个人的心情，然后再关注汽车的维修。对于城市轨道交通运营企业来说也是如此，每一位投诉的乘客的心情都不会好，接待者在接待他们时，应该先关注他们的心情，让乘客先平息怒气，再想办法帮助乘客解决问题。因此，接待者在处理乘客投诉时需要掌握以下技巧。

1. 接待乘客应态度真诚

为了了解乘客提出的问题，必须认真地听取乘客的叙述，使乘客感到接待者十分重视他的问题。接待者要注视乘客，不时地点头示意，以表示在认真听取他的意见，并且可以多次强调“我理解，我明白，我一定会认真处理这件事情”，以表明对意见的重视。

为了使乘客逐渐消气息怒，接待者可以用自己的语言重复乘客的投诉或抱怨内容，即采取同理心倾听的方法。若遇到非常认真的乘客，接待者在听取乘客意见的同时还应做一些记录，以表示对乘客的尊重及对其反映的问题的重视。

2. 对乘客表示歉意和同情

接待者首先要让乘客了解，你非常关心他的情况以及他得到的服务是否令他满意。如果乘客在谈问题时十分认真，接待者应不时地表示对乘客的同情，如“我们非常抱歉，我们将对此事负责，感谢您对我们提出的宝贵意见”。

3. 根据乘客的要求采取措施

接待者要完全理解和明白乘客投诉的原因。当决定采取纠错行动时，接待者一定要让乘客知道企业已经采纳了他的意见，并告知乘客企业的处理决定及打算采取的具体措施的内容，以表明纠错的诚意。

如果乘客不知道处理决定或处理决定未达到其满意程度，说明可能存在部分乘客对这种处理方法有不同看法，接待者暂时不应盲目采取行动。接待者要再次十分有礼貌地听取乘客对将要采取的措施的看法，并尽可能取得乘客的理解，只有这样，才有可能使乘客的抱怨变为满意，并使乘客生出感激之情。

4. 感激乘客的批评

接待者应感谢那些对城市轨道交通服务水平或服务质量提出批评、建议和指导意见的乘客，因为这些批评、建议和指导意见有利于企业提高管理水平和改善服务质量。

假若乘客遇到不满意的服务，他不向车站工作人员反映，也不做任何投诉，但是他作为乘坐过城市轨道交通的乘客，将不好的经历和印象讲给其他乘客或朋友听，这样就会极大地影响城市轨道交通的声誉和形象。所以，当车站工作人员遇到乘客的批评、抱怨甚至投诉的时候，不仅要欢迎，还要感谢。

5. 快速采取行动，补偿乘客损失

当乘客完全同意接待者所采取的改进措施时，接待者要立即予以实施，一定不要拖延时间，耽误时间只能进一步引起乘客的不满。此时此刻，高效率就是对乘客的最大尊重，否则就是对乘客的漠视。

6. 落实、监督、检查乘客投诉的具体措施

处理乘客投诉并获得良好效果的过程中，最重要的一环便是落实、监督和检查已经采取的改进措施。首先，要掌握改进措施的进展情况；其次，要使服务水准及服务设施均处在最佳状态；最后，进行电话回访，确认乘客的满意程度。许多对城市轨道交通怀有感激之情的乘客，往往是那些因投诉问题得到妥善处理而感到满意的乘客。

乘客的最终满意程度，主要取决于服务人员在他公开抱怨后所采取的特殊关怀和关心的程度。另外，车站的所有管理人员和站务人员也必须确信，所有乘客(包括那些投诉的乘客)都是有感情的，也是通情达理的。城市轨道交通客运服务人员诚实的态度、细腻的感情及用心的服务赢得了乘客的广泛赞誉，取得了良好的社会效益。

四、包容乘客的原则

包容乘客就是指站务人员对乘客的一些错误行为给予理解和宽容。包容乘客的核心是善意的理解。当发现乘客的某些行为违反规定时，站务人员只要给予乘客善意的提醒即可。站务人员要懂得体谅乘客，避免让乘客处于难堪的状态。虽然乘客的投诉并不都是对的，但那种得理不让人的解决方法，必将使双方的关系趋于紧张而不利于问题的解决。如果站务人员能够包容乘客，就有可能避免由此而引发的冲突。

想一想 ……

对于不讲道理或不听劝解而一意孤行的乘客，站务人员应该如何应对？

在投诉处理的过程中，接待人员会遇到不同类型的乘客。按照乘客表现的不同，可以将乘客分为以下五类。

1. 感情用事类

感情用事类的乘客的主要特征表现为情绪激动，或哭或闹。处理要点是保持镇定，适当让乘客发泄；表示理解，尽力安抚，告诉乘客一定会有解决方案，注意语气要谦和，但应坚持原则。

2. 表达正义感类

表达正义感类的乘客的主要特征表现为语调激昂、声音较大。处理要点是要肯定乘客，并对其反映问题的举动表示感谢；告知乘客城市轨道交通的发展离不开乘客的爱护与支持。

3. 固执己见类

固执己见类的乘客的主要特征表现为坚持自己的意见，不听劝。处理要点是首先表示理解乘客，再力劝乘客换位思考问题；同时耐心劝说，根据事情的特点提供不同的处理方案。

4. 有备而来类

有备而来类的乘客的主要特征表现为一定要达到目的，了解法律、规章，甚至会记录处理人的谈话内容或录音。遇到此类乘客时，接待人员一定要清楚公司的服务政策及法律的有关规定，并充分运用政策及技巧，语调充满自信，明确表达出希望帮助乘客解决问题的诚意。

5. 有社会背景、宣传能力类

有社会背景、宣传能力类的乘客通常是某重要行业的领导，电视台、报社的记者和律师，若不满足其要求，此类乘客会采用媒体曝光等手段。因此，接待人员处理时需谨言慎行，尽量避免使用书面文字；如果无法满足乘客提出的要求，应及时上报有关部门进行研究，但一定要迅速、高效地解决此类乘客的问题。

提 示

在发现乘客有违规行为时，服务人员要特别注意服务态度，要使用礼貌用语，要以宽容的心态对待乘客的错误，耐心地对乘客进行解释、教育和提醒，给乘客一个台阶来承认错误、改正错误。

8.3 乘客投诉的处理技巧

在处理投诉的过程中，工作人员会遇到各种类型的乘客。工作人员除了要准确把握处理乘客投诉的基本原则外，还需要掌握一定的处理技巧，只有这样，才能更好地为乘客服务，改善城市轨道交通企业的服务质量。

一、用心倾听

乘客抱怨时需要有忠实的听众，工作人员喋喋不休地解释只会让乘客感觉在推卸责任，从而使乘客的心情更差。面对乘客的投诉，工作人员需要掌握倾听的技巧，从倾听中掌握事情的细节，找出乘客投诉的真正原因及其期望的结果。倾听是一种情感活动，是要真正理解对方所说的意思。

(一)用心倾听的注意事项

工作人员要做到用心倾听(见图 8-3),需要注意以下几点。

图 8-3 用心倾听乘客的诉求

1. 要有耐心

在乘客投诉的过程中,工作人员切忌轻易打断乘客,要仔细思考乘客提供的信息;应该花 80%的时间去听,给乘客 80%的时间去讲。在倾听过程中,工作人员要保持冷静的心态,不要受其他事物的影响。

2. 学会回应

在倾听的过程中,工作人员要运用眼神、表情等非语言手段来表示自己在认真倾听,尽可能以柔和的目光注视对方,并通过点头等方式及时对对方的讲述做出反应。

3. 用心

工作人员应站在乘客的角度考虑问题,用心地感受乘客的心情。这是真正能听到乘客心声的好办法,是乘客服务中不可或缺的沟通技巧。

4. 不要挑乘客的毛病

在倾听时,工作人员不要当场提出自己的批判性意见,更不要与乘客争论,尽量避免使用否定性语句或评论式回答,如“不太可能”“我认为不该这样”等。应该站在乘客的立场去倾听,努力理解乘客所说的每一句话。

(二)用心倾听的具体做法

工作人员要想做到用心倾听,应注意以下几点:

（1）当乘客到车站投诉时，工作人员应先请乘客坐下并及时给乘客倒水，表示对乘客的尊重。

（2）在乘客叙述的过程中，工作人员要用心倾听，让乘客发泄情绪。在倾听过程中，工作人员可以插入“我理解、我明白”这样的话语来表示对乘客的重视与理解。

（3）不要轻易打断乘客，如果有不明白的地方，工作人员要等乘客说完后，以婉转的方式请乘客说明情况，如“对不起，是不是可以再向您请教……”。

（4）适当安抚乘客情绪，如“请您别着急”“您先消消气”等。

提　示

倾听的目的是让乘客把想说的话都说出来，让乘客一吐为快，这样才有协商的余地，其实有些乘客只要能将不满倾诉出来，其问题也就随之而解，如果由于某些工作人员态度不佳而引发乘客的不满，是得不偿失的。

二、了解乘客投诉的心理期望

乘客只有在对服务不满的情况下，才会进行投诉。而对乘客来说，既然选择了投诉，就一定会有一个心理预期并希望得到满意的答复。工作人员只有弄清了乘客投诉的心理期望，才能够有针对性地处理投诉。一般来说，乘客投诉的心理期望主要有以下几种。

1. 希望问题能被认真对待

有时乘客进行投诉或提出建议，并不是要求企业一定能够彻底改变这种现象，只是想发表对此状态的看法与观点，给企业以警示。对于抱有这种期望的乘客，工作人员一定要积极对待，耐心地听完乘客的批评与建议，抱着“有则改之，无则加勉”的正确态度，适当地对乘客表示感谢。

2. 希望得到当事人的道歉和尊重

乘客投诉有很大一部分是对工作人员服务态度的不满，在这种情况下，乘客当然希望自身能得到重视，并希望当事人能给予道歉。在这种情况下，工作人员要耐心倾听，即使是乘客有错，也不要想着去理论，避免乘客产生新的不满或进一步加深矛盾。因为乘客既然选择了投诉，就不会觉得是自己的责任。

3. 希望相关人员得到惩罚或惩戒

有时乘客因对某位工作人员的服务不满而选择投诉，并希望该工作人员得到惩罚。此时，工作人员需要向乘客保证企业一定会采取正确的行动，避免将来再发生类似的问题。

4. 希望得到赔偿或补偿

乘客想要为自己的损失寻求赔偿，也想为耗费的时间、造成的不便，或遭受的痛苦寻求补偿。对于由于工作人员工作失误给乘客造成损失的，当然要协商赔偿办法；对于不是由工作人员的责任而造成的乘客损失，也不能一味迁就，要耐心地向乘客解释清楚。

三、真诚道歉

当乘客抱怨或投诉时，无论是否是工作人员的原因，工作人员都要诚心地向乘客道歉（见图 8-4），并对乘客的投诉表示感谢。尤其是在工作确实有过失的情况下，更应该马上道歉，如“对不起，给您添麻烦了”。这样，可以让乘客感到自己受到了重视。

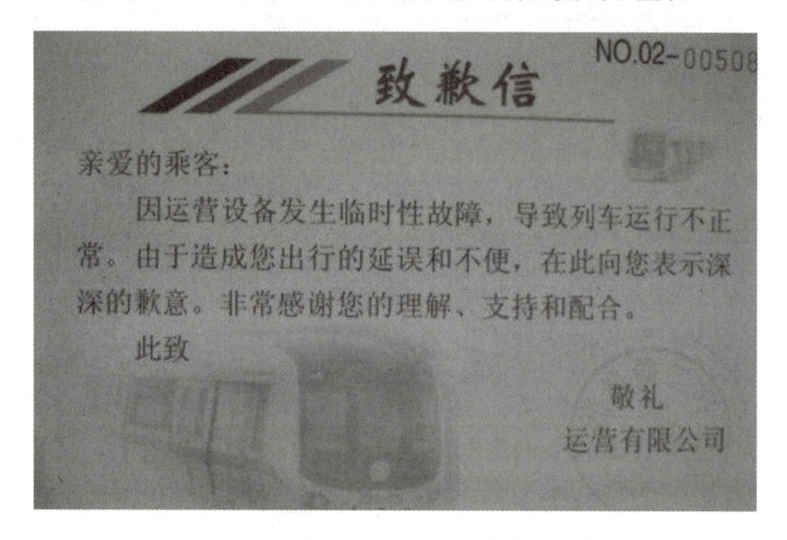
NO.02-00508

致歉信

亲爱的乘客：

因运营设备发生临时性故障，导致列车运行不正常。由于造成您出行的延误和不便，在此向您表示深深的歉意。非常感谢您的理解、支持和配合。

此致

敬礼

运营有限公司

图 8-4　某地铁运营公司给乘客的致歉信

真诚道歉要做到以下两点：

（1）适当地表示歉意，让乘客了解工作人员非常关心他的情况，如“我们非常抱歉听到此事”。

（2）道歉要诚恳，如“对不起，耽误您的时间了”。

四、协商解决

在接到乘客投诉之后，工作人员首先要弄清楚乘客投诉和抱怨的原因，了解乘客的想法，切忌在没有了解乘客想法之前就自作主张地直接提出解决方案。在协商解决时，不要推卸责任，不要指责或敷衍乘客，切不可与乘客发生冲突。

在明白乘客的想法后，工作人员要十分有礼貌地告知乘客将要采取的措施，并尽可能让乘客同意。如果乘客不知道或者是不同意这一处理决定，工作人员就不要盲目地采取行动。

在协商解决的过程中，工作人员不要推卸责任、极力辩解、指责乘客，而要做到以下几点：

（1）平复乘客的不满情绪，如“我能理解您的想法”。

（2）主动提出建议和解决方案。如果是因为票卡（款）等问题，工作人员可以根据乘客的意见和表现出来的意思，结合实际情况提出措施；如果是因为对服务人员的态度不满，工作人员要考虑采取让服务人员本人道歉或由值班站长替代道歉等办法，平息乘客的不满情绪。

（3）耐心地解释城市轨道交通的相关规定。

（4）提出解决方案时，工作人员应语调平和、态度诚恳，不要再次引发乘客的不满情绪，如“这样处理，您看行吗”“我们这样办，您看合适吗”。

在协商解决时，不要说“不”。如果工作人员用“我不能”“我不会”“我不应该”这样的话语，会让乘客感到工作人员不能帮助他。工作人员可以反过来这样说：“我们能为您做的是……”“我很愿意为您做……”“我能帮您做……”。这样，乘客的注意力就会集中在可能的解决办法上，工作人员就能创造一个积极正面的解决问题的氛围。

想一想

如果乘客之间发生冲突了，工作人员该如何处理？

五、快速采取措施

在乘客同意处理意见后，工作人员需要说到做到，而且是马上做到。速度很关键，快速地采取措施就是对乘客最大的尊重。一方面，耽误时间有可能进一步导致乘客的不满；另一方面，耽误时间有可能使乘客对先前已经协商好的解决措施产生不同意见。如果遇到被投诉的员工不在现场的情况，可以采用电话道歉、书面道歉等处理方式。对于那些不能立即实现的措施，工作人员应坦诚地告诉乘客正在办理，并应把处理过程中的相关情况及时反馈给乘客，让乘客了解他们的问题正在得到解决。

提　示

一旦发生投诉必须马上处理。拖延处理乘客的投诉，是导致乘客产生新的抱怨的根源。即使是与车站员工无关的投诉，也应代表车站主动承担解决矛盾的责任。

六、感谢乘客

对于乘客的投诉，工作人员一定要表示感谢，感谢乘客选择自己的服务并发现服务中的不足。工作人员在感谢乘客时，可以说“谢谢您的配合”“非常感谢您的建议”，必要时可送乘客出站，让乘客感到自己受到重视，而不要怠慢乘客，自己先行离开，或让乘客自行离开。

8.4 乘客投诉案例分析

一、因业务能力不强或设备故障引起的投诉

【案例一】

某日，乘客在某站刷卡后不能正常出站，于是到售票亭进行票务处理，票务员直接为乘客补了进站记录，并提醒乘客："您下次进站时，别忘了刷卡。"乘客感到疑惑，到查询机查询后，发现被扣了两次款，为此乘客进行了投诉。

1）投诉原因分析

票务员没有弄清事实，只是臆测行事。经查询，当时乘客实际上已有出站记录，不能正常出站可能是因为乘客刷卡时走错了闸机通道，或刷卡后未马上通过闸机。而票务员没有查明这些情况就直接主观认为乘客没有刷卡进站，导致乘客的票卡被两次扣款。

2）投诉处理技巧

在该投诉中，票务员的服务态度没有明显问题。在处理过程中，工作人员需要重点就票务人员的工作失误向乘客道歉，并赔偿乘客的经济损失。

3）改善及建议

当发现乘客持票卡无法正常进出站时，票务员不能主观臆断，应先礼貌地了解原因。在处理车票问题时，票务员应加强责任心。

【案例二】

某乘客反映某天在车站乘车时，在闸机刷卡后未能进入，车站工作人员上前帮忙，经过票卡分析，说是该乘客昨天出站没刷卡，非要让其补票，不补票就不能走。乘客说那就买一张单程票，但工作人员就是不卖给他，不停地跟他说 7 点 23 分有趟车，但是该乘客要赶 7 点 15 分的那趟，耽误了大概 1 分多钟，工作人员又说是车站的设备有问题，这才给该乘客开了边门，让其下了站台，但此时车门刚刚关上，车开走了，该乘客没有赶上 7 点 15 分的车。在此事件中，工作人员从始至终没有说过一句道歉的话，因此该乘客选择了投诉。

1）投诉原因分析

（1）该工作人员能严格遵守公司规章，工作态度值得肯定。

（2）该工作人员在处理乘客事务过程中欠缺灵活性，得理不让人。

（3）该工作人员未执行文明用语，与乘客交流的过程中言辞不当。

（4）该工作人员缺乏敏感性，在上班高峰时段长时间耽误乘客时间，导致投诉发生。

2）投诉处理技巧

（1）处理乘客事务时要灵活运用公司的政策，在维护公司利益的前提下最大限度地满足乘客的合理要求。

（2）面对乘客要得理让人，不得据理力争，让乘客感到被冒犯。

（3）提高投诉敏感性，特别是在上下班高峰期乘客赶时间的时候。

总之，城市轨道交通运营公司应该经常检查城市轨道交通设备，以免给乘客造成不必要的麻烦；同时工作人员应该加强责任心，尽量做到不出错，让乘客对城市轨道交通不再有太多的投诉和抱怨。城市轨道交通服务人员应该尽其职责，给乘客带来更好的服务。

二、因乘客不了解地铁规定引起的投诉

【案例三】

一日，在某车站，工作人员两次看见一名拾荒人员在车站内拾荒，于是上前制止："以后不允许在车站进行拾荒。"由于拾荒人员对该工作人员的态度非常不满，因此便在车站内寻衅滋事，声称车站的工作人员砸了他的饭碗，无法再生活下去，反正是死，还不如被列车撞死，然后就坐在站台边上……

1）投诉原因分析

该拾荒人员不了解地铁的相关规章制度，而工作人员又态度强硬地进行制止，并没有给其任何解释，造成该人员不满。

2）投诉处理技巧

在该案例中，工作人员的工作方式确实存在失误。在处理时，工作人员需要向拾荒人员道歉，检讨其不合适的处理方式；同时要向其耐心解释地铁的规章制度，避免再次发生纠纷。

3）改善和建议

在发现乘客有违规情况后，工作人员一定要耐心地向乘客解释地铁的规定，而不是一味地强硬制止。

三、因服务态度不好引起的投诉

【案例四】

某日客流高峰期，乘客非常多，车门即将关闭的提示音已经响起，一位乘客企图冲上车，但被一位客运服务人员拦住了（因为客运服务人员觉得很危险，就拽了这个乘客一下，可能弄痛了他）。这位乘客非常气愤，直接就骂了句粗话，说："你以为你是谁啊，你凭什么拉我，弄伤了你负责啊……"客运服务人员的态度也不是很好："你没看见车门关上了呀……"两个人因此争吵了起来，最后乘客进行了投诉。

1）投诉原因分析

（1）客运服务人员为了乘客的安全阻止乘客上车，这个出发点是对的。但客运服务人员和乘客发生了直接碰触，这是诱发乘客生气的原因。

（2）在乘客怒气冲冲地抱怨时，客运服务人员没有意识到自己做法的不当之处，不仅没有向乘客道歉，反而和乘客争执了起来，使冲突升级。

2）投诉处理技巧

（1）对于由服务人员的态度引起的乘客投诉，在处理过程中，工作人员一定要先照顾到乘客的情感需求和情绪，要先向乘客表示歉意："不好意思……请原谅。"

（2）在平息了乘客的怒气后，工作人员应耐心地向乘客解释原因，再次对于服务人员的不合适做法表示歉意，并对乘客的配合表示感谢。

3）改善及建议

（1）在阻止乘客上车时，服务人员应尽量避免和乘客发生直接碰触，减少纠纷的发生。

（2）在遇见乘客说粗话、骂人时，服务人员不应该直接给予反击，而应提醒乘客，否则只能使冲突升级。

【案例五】

某乘客持一张10元纸币到某站票务中心兑换零币。票亭岗当班人员A某告知乘客10元纸币可直接在售票机购买车票，无须兑换零币。在乘客的一再要求下，A某为其兑换了一张5元纸币、三张1元纸币和两枚1元硬币，但在将零钱递给乘客的过程中有丢抛的动作，引发乘客不满。乘客购完票后，回到票务中心说要投诉A某，A某问乘客为什么要投诉，并解释说自己并没有态度不好。乘客未接受A某的解释，并致电客服热线投诉。事后，应乘客要求，A某致电乘客进行了道歉，虽然乘客最终接受了道歉，但A某在致歉过程中仍未意识到自身的错误，还与乘客辩解。

1）投诉原因分析

（1）票亭岗A某服务意识不强，在递给乘客零钱的过程中有丢抛的动作，是造成本次投诉的直接原因。

（2）在乘客表示要投诉A某时，A某并未意识到自身的错误，只是一味地辩解，是造成本次投诉的次要原因；另外，在事后向乘客电话致歉的过程中，A某依然没有意识到自己的错误，在电话中还和乘客辩解。

（3）票亭岗A某对有责投诉缺乏正确判断，投诉敏感性不强。

2）投诉处理技巧

（1）各岗位人员在岗时必须严格遵守岗位服务规范；票亭岗的工作人员在为乘客兑零时，所兑硬币不得散放在票务凹斗中，而是应垒成柱形，方便乘客取币，不得有丢、抛的动作。

（2）当班值班站长须对员工的服务状态进行盯控，保证各岗位人员在岗时保持良好的服务状态。

（3）面对乘客的投诉，工作人员应尽量将投诉控制在现场；对于无法处理的乘客事务，应及时请求值班站长协助处理。

（4）车站应加强对员工服务意识及服务技巧的培训，防止此类事件再次发生。

四、因工作人员的不作为引起的投诉

【案例六】

一日，某乘客下车后，向站台上正在从事维修工作的工作人员反映车厢内有乞讨人员乞讨，这位工作人员却冷漠地说："我没有办法，这不归我管。"这个回答引起了该乘客的不满，因此进行了投诉。

1）投诉原因分析

乘客所反映的问题确实超出车站维修人员的服务范围，但在乘客眼中，维修人员也是城市轨道交通的员工。对于乘客都关心的问题，作为员工却说没有办法，这样的回答势必会给乘客留下推卸责任的印象。

2）投诉处理技巧

这是由工作人员的不作为引起的投诉。在处理过程中，工作人员要先向乘客道歉，主动承认自己的工作失误，并就乘客提出的问题表示感谢，并承诺车站一定会积极处理。在该乘客同意的情况下，可以请他留下姓名和联系电话，并告知主管部门会将处理情况反馈给他。

3）改善及建议

乘客主动提出意见和建议，实质上是为了改善车站工作，工作人员应该虚心接受、热情对待。

五、多原因引起的投诉

【案例七】

某天，有一名乘客来到乘客服务中心，说大概半小时以前售票员少找给他 50 元钱，售票员在听取情况后，认为不会少找钱给乘客，直接就对该乘客说："我都售票这么长时间了，不可能出现少找您钱的情况。"该乘客听到这样的回答后很激动，开始指责售票员，并要求找值班站长投诉。

1）投诉原因分析

（1）售票员在售票过程中，没有严格按照售票作业程序进行售票，导致乘客怀疑售票员少找钱给他，这是乘客投诉的主要原因。

（2）当乘客回来说少找给他钱的时候，售票员没有认真做好安抚乘客的工作，而是一口咬定自己没有少找钱，导致乘客情绪激动。

2）投诉处理技巧

（1）当乘客认为票款不符时，售票员应耐心地向乘客解释："对不起，我们的票款是当面点清的，请您再确认一下您的票款是否正确，多谢。"

（2）如果乘客坚持认为少找钱，售票员应先安抚乘客，平息乘客的不满情绪，然后提出解决方案，即请求上报车站控制室进行查账，最终确定乘客的反映是否属实。

（3）如果属实，售票员需要向乘客道歉，并退还少找的钱款；如果不属实，售票员应该耐心地向乘客解释，做好安抚工作。"对不起，经查实，我们的票款没有差错，请您谅解。"如果乘客还是不满意，可以请求公安部门的配合。

3）改善与建议

售票员应该严格按照标准售票作业程序进行操作，并提醒乘客当面点清票款。

【案例八】

某天，有两位乘客持同一张公交一卡通进站，当一名乘客刷卡进站后，把一卡通给了同行的人，导致另外一名乘客无法刷卡进站。因客流量较多，该站票务员没有问清原因，直接对一卡通进行了进站更新，另外一名乘客也顺利进站，但出站时被客运服务人员发现，要求其补票。乘客不满意，认为已经刷过两次并扣完钱了，坚持不肯补票，客运服务人员则主观臆断他们违规使用车票，故意逃票，因而发生争执，导致乘客投诉。

1）投诉原因分析

（1）票务员帮助乘客更新车票时没有了解和确认原因，造成一票多人进站，给后来纠纷的发生埋下了隐患。

（2）乘客不清楚票务政策，认为已经扣过两次钱，导致乘客和客运服务人员发生争执。

（3）客运服务人员主观意识过强，认为是乘客故意逃票，导致乘客和客运服务人员的纠纷升级。

2）投诉处理技巧

（1）发现情况后，客运服务人员不能主观臆断，应该先礼貌地了解原因。

（2）对于票务员的工作失误，客运服务人员应向乘客表示抱歉，并向乘客做好票务政策的解释工作，在和乘客沟通的过程中要注意使用礼貌用语。

（3）如果乘客同意补票，则客运服务人员应向乘客表示感谢，如“谢谢您的理解和配合”。

3）改善与建议

票务员在处理乘客车票时，应加强工作责任心。当乘客持一卡通无法进站时，票务员应先向乘客确认是否是一票多人进站。

【案例九】

某乘客于体育场站南端票务中心给储值卡充值50元。据该乘客反映，该站票务中心站务员A某业务不熟练且态度差，并且在充值完成后没有主动提供充值小票，该乘客向其索要后，A某依然没有提供小票并告知其在目的站出站时领取。在该乘客到达目的站没有领取到充值小票的情况下，车站客服人员联系体育场站询问情况，该站站长一口咬定已给过其小票；同时，为该乘客办理充值业务的站务员也推卸责任，声称该乘客没有主动向他索要小票，因此不予提供。后来在该乘客的再三要求下，站务员A某最终找到了没有提供给乘客的充值小票，并通知该乘客次日来车站领取。

1）投诉原因分析

（1）站务员A某业务不熟练，未及时将充值小票交给乘客；在乘客索要小票时，误导乘客在出站时领取。

（2）车站站长在客服调查过程中包庇员工，捏造事实；面对投诉时态度不端正。

2）投诉处理技巧

（1）车站员工必须端正服务态度，严格执行相关规章制度，不得无故拒绝乘客的合理要求。

(2) 面对投诉调查时,车站必须实事求是,不得有包庇员工、捏造事实的现象出现。

(3) 车站必须加强员工服务意识及服务技巧的培训。

【案例十】

某乘客从某站出站时,想索要发票并对两张“长安通”进行充值。当该乘客到南端票务中心充值时,员工甲某正在打电话至北端票务中心兑换零钞。乘客对甲某说要充值,甲某分析发现一张卡余额为4.4元,一张卡余额为11.1元,便告知乘客出站后可在自动售票机上进行充值。当该乘客坚持要在票务中心充值时,甲某回复乘客:“我们只在余额不足的情况下充值,我们这儿不充值,机器有问题。”该乘客大声说道:“我今天就是要在这儿充值,你要是不给我充,就等着!”甲某见乘客语气较重且态度较强硬,便帮乘客进行了充值。但该乘客对甲某的工作态度非常不满,随后对其进行了投诉。

1) 投诉原因分析

(1) 售票员甲某最开始以“机器有问题”为由拒绝为乘客充值,后来又因乘客态度较强硬为乘客充值,出尔反尔,导致乘客认为员工在工作过程中有瞒骗行为,是造成该投诉事件的主要原因。

(2) 在事件处理过程中,当乘客情绪较激动并表明要投诉时,甲某并未意识到事态的严重性,没有及时将现场情况向值班站长汇报,导致该事件未能得到有效的处理,是造成该投诉事件发生的次要原因。

(3) 在事后调查过程中,发现甲某未实事求是地反映问题,认为乘客无理。

2) 投诉处理技巧及改善建议

(1) 车站员工在处理乘客事务时,应按规定对公司政策进行解释,严禁出现欺瞒乘客的行为。

(2) 当乘客在余额充足的情况下要求在付费区进行充值时,车站可建议乘客出站后,在自动售票机上进行充值,如乘客执意要进行充值,车站必须满足乘客的充值要求,但在处理过程中必须有礼有节,不得以各种理由搪塞乘客。

(3) 售票员在工作过程中,必须严格遵守公司的相关政策,严禁违规操作;如遇乘客态度较强硬的情况,必须按规定上报处理。

(4) 在事后调查过程中,相关责任人必须配合调查工作,不得有隐瞒事实、狡辩的现象出现。

(5) 车站工作人员必须端正意识,正确面对投诉事件,配合相关部门进行调查,不得有包庇员工的现象出现。

【案例十一】

一名乘客在车站与母亲共用一张储值卡出站后被工作人员发现,工作人员告知该乘客储值卡应一票一人使用,此行为属逃票行为,要求乘客到票务中心补票。该乘客到票务中心进行询问,售票员甲某告知乘客需补8元钱,乘客问为什么补8元,甲某说“没票乘车,要接受处罚”，乘客给了售票员50元予以补票，并要求投诉，售票员甲某感觉事件不妥，立即上报车控室。值班站长乙某赶往现场，到达现场后向乘客了解情况，乘客不听乙某解释，要求投诉售票员甲某，乙某让甲某给乘客写了工号与投诉电话后，乘客便离开了车站。之后该乘客连续多天拨打投诉电话，但都没有打通，后来才得知电话号码是错的。乘客觉得站务人员的服务态度非常恶劣，并且故意误导来客，给乘客错误信息，严重影响了地铁形象，因此对车站员工进行了投诉。

1）投诉原因分析

（1）该站工作人员和售票员甲某欠缺服务技巧，在跟来客解释票务政策时使用“逃票”“处罚”等不恰当字眼，让乘客感觉备受伤害，引起乘客不满，这是造成该投诉事件的主要原因。

（2）值班站长乙某到达现场后没有起到平息事态的作用，在乘客情绪激动、不听相关人员解释、索要投诉电话时没有挽留乘客，平息乘客的情绪，导致事态进一步扩大，是造成投诉事件的次要原因。

（3）在乘客索要投诉电话时，值班站长乙某让售票员甲某写投诉电话及工号，没有考虑到员工因害怕投诉而不将正确的投诉电话及工号告知乘客的情况；乙某在甲某写完电话及工号后也未进行核实，对该事件的发生负有一定的责任。

（4）售票员甲某的服务意识不到位，其表情呆板，没有微笑服务，导致乘客觉得其服务态度不好；同时未能灵活处理该乘客事务，处理问题的时间过长，让乘客长时间等待，进一步引发乘客的不满。这也是造成该投诉事件的原因之一。

（5）车站、站务分部对员工服务技巧、技能等培训不到位，对于不同个性的员工从事服务工作有可能引发的后果没有提出预防措施，是造成该投诉事件发生的另一原因。

2）投诉处理技巧及改善建议

（1）车站工作人员在处理乘客事务时，措辞须谦虚谨慎，严禁使用“逃票”“处罚”“罚款”等不恰当字眼，严禁有得理不饶人的情况发生。

（2）车站各岗位人员须严格遵守相关岗位的作业标准，严禁将个人情绪带上岗位，坚持微笑服务；遇乘客事务时应迅速处理、汇报，防止因自身原因让乘客等待时间过长。

（3）值班站长在处理投诉时，应将投诉控制在车站现场；在乘客情绪激动时，需要先稳定乘客情绪，不应一味地解释，激化矛盾。

（4）车站给予乘客的信息必须保证正确，不得给乘客错误信息，误导乘客。

（5）车站须加大员工服务技巧的培训力度，全面掌握员工的性格、健康状况等信息，做到合理布岗排班，防止因员工的个人原因导致投诉的发生。

【案例十二】

某乘客在车站拿了一个一元、一个五角和五个一角的零钱，想换两个一元的硬币购票乘车，票亭岗甲某对该乘客说：“麻烦您把一角的换一下，因为我这里无法给其他乘客找回去。”于是该乘客问：“这个是不是钱？”甲某回答：“这是钱，可是这一角钱纸币其他乘客不收，并且五角钱纸币现在都不好找出去，我这儿也没办法找回给其他乘客，麻烦您换一下吧。”之后该乘客向朋友要了一张五元纸币，甲某便给该乘客换了五个一元硬币。事后该乘客打电话至客服热线投诉，表示只要金额对等就应该给乘客兑换零钱。

1）投诉原因分析

（1）票亭岗甲某没有站在乘客的角度思考问题，为了自己方便而无故拒绝乘客的合理要求，是造成此次投诉事件发生的主要原因。

（2）甲某的投诉敏感性不强，服务技巧不到位，没有意识到在服务过程中一个小的失误就会导致乘客投诉的发生。

2）投诉处理技巧及改善建议

（1）车站各岗位人员在工作过程中不得拒绝乘客的合理要求。

（2）票亭岗在兑零过程中除非确认乘客所持钱币为伪钞或钱币破损程度超出规定范围以外，不得以任何理由拒绝乘客的兑零要求。

（3）当班值班站长应对班组员工的服务状态进行监控；车站应做好员工服务技巧的培训工作，防止此类事件再次发生。

思考与练习

一、简答题

1. 什么是乘客投诉？乘客投诉的种类有哪些？
2. 产生乘客投诉的原因有哪些？
3. 简述处理乘客投诉的原则。
4. 简述处理乘客投诉的常用技巧。

二、角色扮演（分组完成）

根据地铁的实际情况，列举一个乘客纠纷事件。

1. 研讨事件处理的经过。
2. 填写表8-3。组员分别扮演值班站长、站务员、乘客等角色，并分组表演。

表8-3 乘客纠纷事件角色扮演

<table>
<tr><td>日期</td><td></td><td>时间</td><td></td></tr>
<tr><td colspan="4">参与者</td></tr>
<tr><td colspan="2">姓名</td><td colspan="2">扮演角色</td></tr>
<tr><td colspan="2"></td><td colspan="2"></td></tr>
<tr><td colspan="2"></td><td colspan="2"></td></tr>
<tr><td colspan="2"></td><td colspan="2"></td></tr>
<tr><td colspan="4">演练情景</td></tr>
<tr><td colspan="4">心得体会</td></tr>
</table>

单元9　城市轨道交通服务质量评价

(1) 掌握城市轨道交通服务质量的评价体系。
(2) 了解城市轨道交通服务质量的评价模型。
(3) 掌握城市轨道交通服务质量的评价方法。

城市轨道交通运营企业属于服务企业，城市轨道交通服务质量评价就是通过定性或定量的方法，了解乘客对服务水平的期望，并将其与已提供的服务水平进行比较，找出其中的差距和不足，为进一步提高服务质量提供有效帮助。

服务质量评价的最终目的是在追求乘客满意度的同时减少服务差错，及时弥补服务缺陷，为乘客提供优质的出行服务。

9.1 城市轨道交通服务质量概述

一、城市轨道交通服务质量的含义

服务质量的概念是从有形产品的质量概念引申而来的。无论是有形产品的生产企业还是服务业，服务质量都是企业在竞争中制胜的法宝。

由于服务的抽象性、差异性和不可分离性等特性，服务质量的内涵与有形产品质量的内涵有着显著的区别，服务质量是消费者感知的对象，消费者对服务质量的评价不仅要考虑服务的结果，而且要涉及服务的过程。

《城市轨道交通客运服务》(GB/T 22486—2008)对服务质量的定义是：服务组织为乘客所提供服务的程度。

二、城市轨道交通服务质量的内容

城市轨道交通服务质量的内容包括以下几项。

(一) 运输效率

运输效率包括平均乘车距离、服务范围、发车频率、运力、乘坐适合性(如对儿童、学生、老人等)和可靠性等。图 9-1 为乘客乘车情况。

图 9-1 乘客乘车情况

（二）换乘服务

换乘服务包括城市轨道交通与其他城市公共交通之间的换乘、轨道交通内部的换乘等。图 9-2 为地铁内部的换乘指示牌。

图 9-2　地铁内部的换乘指示牌

（三）信息服务

信息服务包括一般信息（如列车运行时间、运行线路图、行车时刻表、动态提示信息、安全信息等）、必要信息（如可达性、标识、票务）、非正常状态信息（如事故、故障、事件信息）及信息交流（如投诉和建议）等。客运服务信息应说明信息来源，并向乘客提供有效、可靠和及时的信息。图 9-3 为西安地铁 3 号线行车示意图。

图 9-3　西安地铁 3 号线行车示意图

(四) 时间效率

时间效率包括运行时间、行车守时性和准时性、平均候车时间、平均换乘时间。图 9-4 为列车到站提示信息。

图 9-4 列车到站提示信息

(五) 服务设施

服务设施包括车站基本服务设施、票务设施、导乘设施、问询服务设施、照明设施、其他设施等。

(六) 治安与安全

治安与安全包括治安设备、事故预防、紧急情况预案和紧急响应等。

(七) 运营环境

运营环境包括通风、震动与噪声、尘土和垃圾、气味、视觉、电磁辐射与干扰等。

(八) 乘客关怀

乘客关怀包括向乘客提供适宜或舒适的候车和乘车环境;适合残疾人、儿童、老年人、体能障碍者使用的设施设备;询问、投诉和赔偿服务;相应的环境信息、客流信息,对乘客拥有的(乘车、购票等)选择权等进行规定。此外,乘客关怀还包括对长距离通勤乘客的候车、乘车舒适性,对骑自行车乘客的乘车和换乘进行规定,充分考虑和关心不同乘客的需要;服务人员的精神面貌、服务技能和态度以及服务灵活性等。

(九) 企业服务承诺

城市轨道交通运营企业应就其服务向乘客做出承诺,并通过多种方式向乘客和社会公布。当出现意外情况或因某种需要引起服务内容变化或服务质量提高或降低时,城市轨道交通运营企业要采用发布服务声明的方式向乘客公示或向社会公布。

三、城市轨道交通服务质量的评价体系

虽然不同的城市在轨道交通的管理上存在差别，但乘客对城市轨道交通的服务质量还是有着相同的需求的，因此努力打造一个优质的交通服务品牌是各运营企业的共同目标。

城市轨道交通服务质量的评价体系如图 9-5 所示。该评价体系中各指标的含义如下。

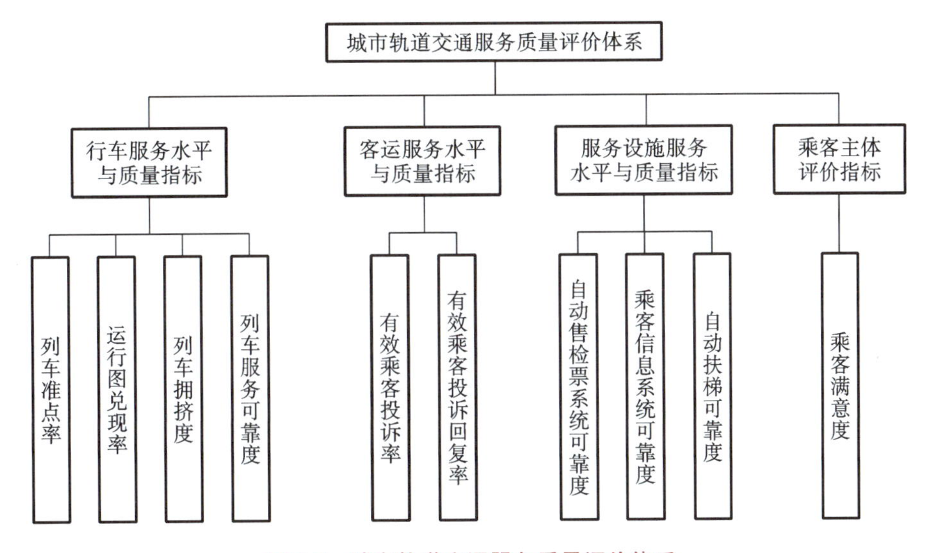

图 9-5 城市轨道交通服务质量评价体系

1. 列车准点率

列车准点率是指当日准点列车次数与全部开行列车次数之比，用以表示运营列车按规定时间准点运行的程度。凡能按列车计划运行图（以下简称运行图，见图 9-6）规定的时间运行，早或晚不超过规定时间界限的为准点列车。准点的时间界限指终点到站时间误差小于或等于 2 分钟的列车（市域快速轨道交通系统除外）；市域快速轨道交通系统准点的时间界限指终点到站时间误差小于或等于 3 分钟的列车。

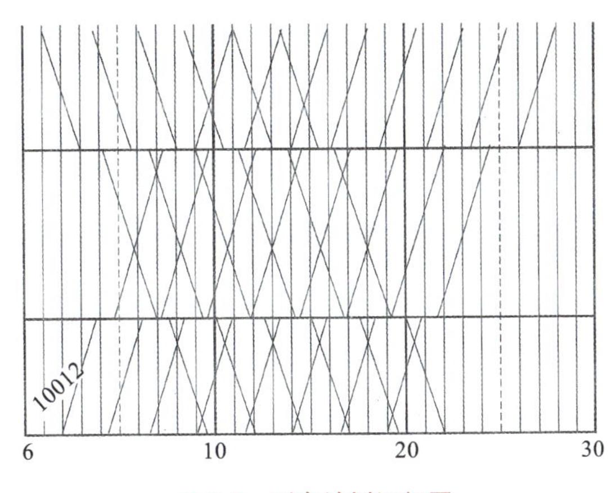

图 9-6 列车计划运行图

运行图是运用坐标原理描述列车的运行时间与空间关系的一种图解。通过运行图可以清楚地表示列车在线路各区间的运行时间、各车站的停站及通过时间。运行图中的横坐标表示时间，纵坐标表示各车站，斜线表示列车在指定时间内的行驶方向及具体位置，斜线上的数字(如图 9-6 中的“10012”)表示车次。

2. 运行图兑现率

运行图兑现率是指实际开行列车数与运行图规定开行列车数之比。实际开行列车数不包括临时加开的列车数。

3. 列车拥挤度

列车拥挤度是指线路高峰小时平均断面客运量与线路实际运输能力之比。线路实际运输能力为列车定员和线路高峰小时发车量的乘积。

4. 列车服务可靠度

列车服务可靠度是指列车行走多少千米才遇到一次 5 分钟或以上的延误。该数值越大，表明列车服务的可靠性越高。

5. 有效乘客投诉率

有效乘客投诉率是指有效乘客投诉次数与客运量之比。

6. 有效乘客投诉回复率

有效乘客投诉回复率是指已经回复的有效乘客投诉次数与有效乘客投诉次数之比。有效乘客投诉应在接到投诉之日起 7 个工作日内回复，超过 7 个工作日按未回复处理。

7. 自动售检票系统可靠度

(1) 售票机可靠度。售票机可靠度是指售票机实际服务时间与售票机应服务时间之比。实际服务时间包括正常的加票和加币时间。

(2) 进出站闸机可靠度。进出站闸机可靠度是指进出站闸机实际服务时间与应服务时间之比。

8. 乘客信息系统可靠度

(1) 车站乘客信息系统可靠度。车站乘客信息系统可靠度是指车站乘客信息系统实际服务时间与应服务时间之比。

(2) 列车乘客信息系统可靠度。列车乘客信息系统可靠度是指列车乘客信息系统实际服务时间与应服务时间之比。

9. 自动扶梯可靠度

自动扶梯可靠度是指自动扶梯实际服务时间与应服务时间之比。

10. 乘客满意度

城市轨道交通企业每年度都会开展乘客满意度问卷调查活动，首先让每位乘客根据自身感受提出个体对城市轨道交通服务的满意程度，然后将全部有效问卷结果进行平均处理，最终得到乘客满意度。

9.2 城市轨道交通服务质量评价模型与方法

一、城市轨道交通服务质量评价的分类

按照不同的评价主体，城市轨道交通服务质量评价可分为政府评价、社会评价、企业评价和乘客评价。

1. 政府评价

政府评价主要是政府职能部门针对城市轨道交通企业的管理及运营进行评价，侧重于企业所提供的服务水平，并对企业的等级进行划分。

2. 社会评价

社会评价侧重于城市轨道交通企业在整个社会中所树立的社会形象和整体服务水平的辨识及评估。评价主体包括各类社会群体，如乘客、社会媒体、行业管理机构等。

3. 企业评价

企业评价主要是通过调查城市轨道交通企业的下属员工来评价企业的内部服务质量，显示内部规章制度对服务质量的控制能力。

4. 乘客评价

乘客评价是乘客根据实际的消费体验对城市轨道交通服务质量进行综合评价。其中最具影响力的是乘客满意度评价，可以让城市轨道交通企业更有针对性地对服务质量进行改进。图 9-7 为乘客乘坐地铁的情况。

二、城市轨道交通服务质量的评价模型

服务质量评价模型实际上是对服务质量定量化描述的成果。1982 年，芬兰的克里斯廷・格罗鲁斯(Christian Gronroos)提出了顾客感知服务质量的概念，并得到理论界广泛认可。随后，学者们在此基础上纷纷展开了对服务质量测量的研究，也产生了各式各样的评价模型。

(一) 顾客感知服务质量模型

格罗鲁斯指出，服务质量不仅具有技术质量和功能质量两个基本构成要素，还包括对服

图 9-7　乘客乘坐地铁的情况

务对象的服务质量具有筛选作用的企业形象质量。

格罗鲁斯的顾客感知服务质量模型如图 9-8 所示。

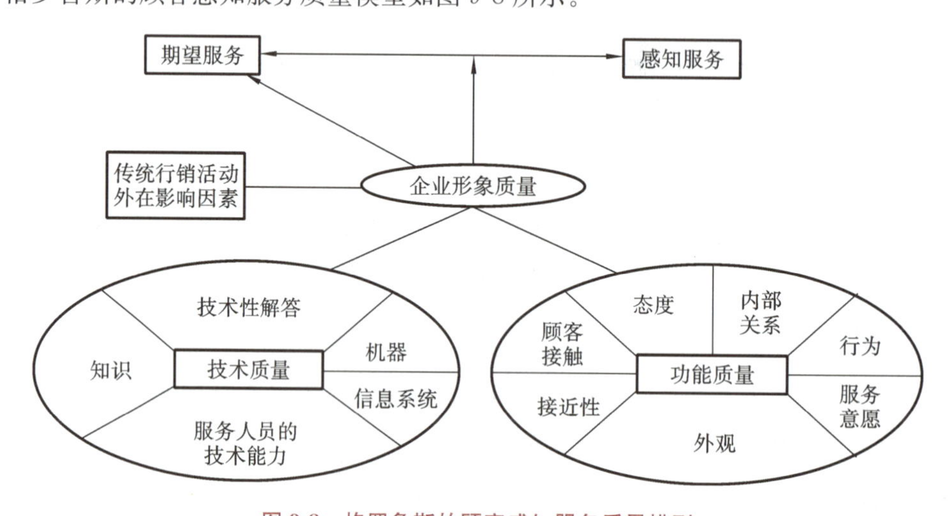

图 9-8　格罗鲁斯的顾客感知服务质量模型

1. 技术质量

技术质量与服务的产出有关，是在服务生产过程中和服务过程结束之后乘客所得到的客观结果，又称为结果质量，如乘客通过乘车服务到达了他所希望到达的目的地。由于技术质量对很多人来说有较为统一的标准，因此比较容易评价。

2. 功能质量

功能质量是指乘客是如何得到服务的，具体表现为在服务的过程中，服务人员的工作方式、工作效率和工作态度等给服务对象带来的利益及感觉，如乘客在乘车过程中得到身心满足感。由于功能质量完全取决于服务对象的主观感受，与服务对象自身的习惯和个性有关，不同的服务对象对同一服务的评价可能是不同的，因此难以进行量化。

3. 企业形象质量

格罗鲁斯在顾客感知服务质量模型中还提出了企业形象对服务质量的影响。企业形象质量是指企业在社会公众心目中的总体印象，它不仅影响乘客的服务期望，也影响乘客的服务感知。企业形象质量是乘客感知服务质量的基本标准，而乘客感知的服务质量反过来又决定着城市轨道交通企业的形象质量。

（二）服务质量差异评价模型

格罗鲁斯认为服务质量是存在于服务对象头脑中的主观印象，主要取决于服务对象对此服务的期望质量（接受服务前对服务水平的期望）与其感知质量（接受服务时实际感知到的服务水平）的差距，即服务质量（SQ）＝服务感知（P）－服务期望（E）。格罗鲁斯的服务质量差异评价模型如图 9-9 所示。

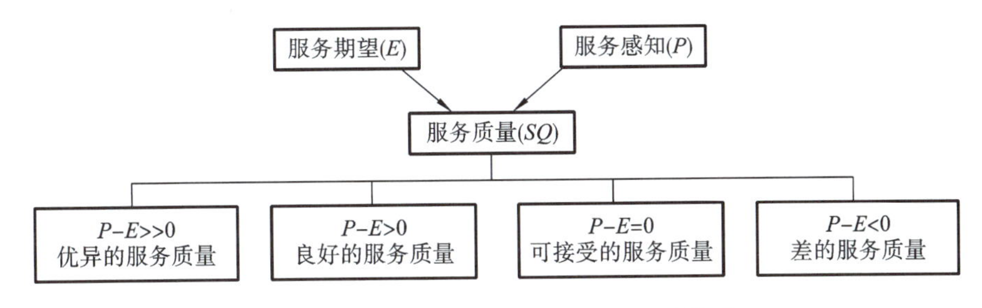

图 9-9 格罗鲁斯的服务质量差异评价模型

从服务质量差异评价模型可以看出，当服务感知远远大于服务期望时，乘客认为服务质量是优异的；当服务感知大于服务期望时，乘客认为服务质量是良好的；当两者基本相等时，服务质量是可接受的；当服务感知小于服务期望时，服务质量是差的。这个差异评价模型得到了绝大多数学者的赞同，奠定了服务质量研究的基础。

（三）服务质量差距分析模型

在格罗鲁斯的研究基础上，学者们又对该模型进行了多次改进。1990 年，美国营销学家帕拉休拉曼（Parasuraman）、赞瑟姆（Zeithamal）和贝利（Bery）等人建立了服务质量差距分析模型，又称 PZB 服务质量模型，如图 9-10 所示。

1. 服务质量差距分析模型可解决的问题

服务质量差距分析模型主要解决了以下两个方面的问题：

(1) 模型描述了服务质量是如何形成的。结合城市轨道交通服务，模型的上半部分包括了与消费者（乘客）有关的内容，下半部分展示了与服务提供者（城市轨道交通运营企业）有关的内容。

(2) 模型分析了进行服务质量评价时需要考虑的环节，并可以探明质量问题的根源。

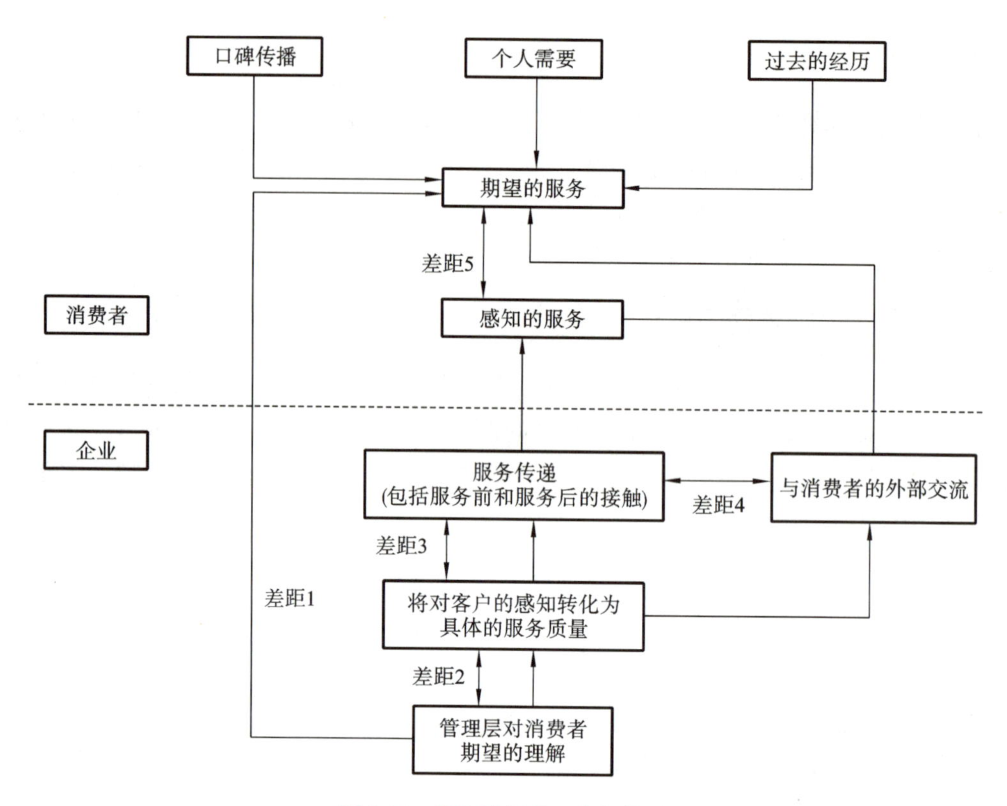

图 9-10　服务质量差距分析模型

2. 服务质量差距分析模型中的五项质量差距

服务质量差距分析模型中的五项质量差距分别如下：

(1) 差距 1——管理者认识的差距。管理者认识的差距是指服务对象对服务质量的期望与管理者对服务对象期望的理解存在着差异。管理者不能准确地收集信息，不能精确地理解服务对象的期望，信息传递失真和缺乏需求分析等都可能导致这一差距产生。

(2) 差距 2——质量标准的差距。质量标准的差距是指管理人员确定的服务质量标准与服务对象期望的质量标准存在着差异。如果在服务质量的设计和管理上存在缺陷就有可能产生这一差距。

(3) 差距 3——服务交易差距。服务交易差距是指管理人员确定的服务质量标准与服务人员实际提供的服务存在着差异。这一差距主要体现为一线员工的行为与质量标准不符。服务质量标准制定不合理或服务操作管理不善都可能引发这一差距。

(4) 差距 4——营销沟通的差距。营销沟通的差距是指服务人员实际提供的服务与企业做出的服务承诺存在着差异。缺乏对企业内部能力的准确度量和夸大宣传都可能产生这一差距。

(5) 差距 5——感知服务质量差距。感知服务质量差距是指当服务对象结束消费后，将期望质量与实际感知质量进行比较而产生的差距，也称为最终的差距。这一差距将最终决定服务对象的全面感知质量。服务对象体验到的服务质量低于其期望的服务质量、服务失败或者服务提供者口碑较差都可能产生这一差距。感知服务质量差距受到其他四个差距的影响，是其他四个差距累积的结果。

服务质量差距分析模型不仅有助于企业管理者发现服务质量问题的根源，而且有利于寻找适当的措施来消除差距。

三、城市轨道交通服务质量的评价方法

有效实用的评价方法是服务质量评价的关键和难点。按照评价标准来分，城市轨道交通服务质量的评价方法主要分为软性评价和硬性评价。

软性评价是指城市轨道交通企业通过调查乘客、员工和其他人员（如管理人员）对服务质量进行主观评价的方法。硬性评价是指城市轨道交通企业通过各种客观指标（如硬件设施配置）衡量服务过程和结果的质量评价方法。

软性评价中常用的方法主要有 SERVQUAL 方法和步行穿越调查法。

（一）SERVQUAL 方法

SERVQUAL 是 service quality（服务质量）的缩写，是衡量服务对象对服务质量感知的有效工具。SERVQUAL 方法使用的基础模型是格罗鲁斯于 1982 年提出的顾客感知服务质量模型和服务质量差异评价模型。该评价方法完全建立在服务对象感知的基础之上，即以服务对象的主观认识来衡量服务质量。首先度量服务对象对服务的期望，然后度量服务对象对服务的感知，根据服务对象对服务的感知与期望的差异比较，得出企业的服务质量，并将其作为判断服务质量水平的依据。

SERVQUAL 模型（见图 9-11）将服务质量分为以下 5 个要素：

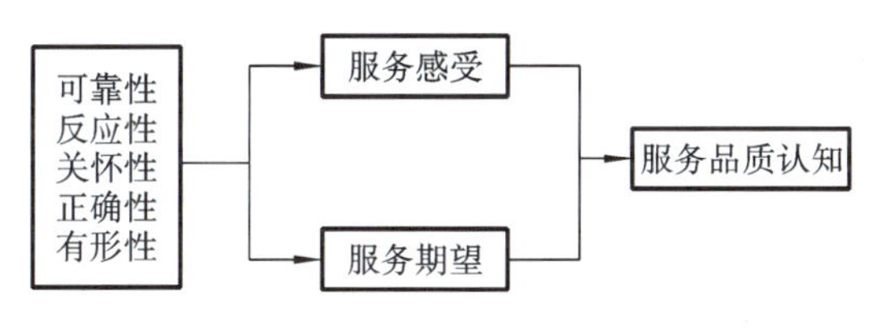

图 9-11 SERVQUAL 模型

（1）可靠性（reliability）。可靠性是可靠地、准确地履行服务承诺的能力。

（2）反应性（responsiveness）。反应性也称回应性，是指帮助服务对象并迅速提高服务水平的愿望。

（3）关怀性（caring）。关怀性是指关心服务对象并为其提供个性化服务。

（4）正确性（assurance）。正确性也称确实性，是指员工所具有的知识、礼节，以及表达出自信与可信的能力。

（5）有形性（tangibles）。有形性是指外观感受，包括实际设施、设备及服务人员的外表等。

以上 5 个要素又被细分为若干个问题，通过调查问卷的方式（见图 9-12），让服务对象对每个项目的期望值、实际感知值及最低可接受值进行评分，由此确定出相关的 22 个具体因素（见表 9-1），然后通过综合计算得出服务质量的分数。

图 9-12 乘客填写调查问卷

1. SERVQUAL 量表

SERVQUAL 量表(见表 9-1)包括 5 个要素和 22 个项目,根据这些项目,把服务对象对特定服务行业中优秀公司的期望和消费者对这一行业中特定公司(被评价的公司)的感知进行比较,就得到 5 个要素的每个差距分值,即 SERVQUAL 分数=实际感知分数-期望分数。SERVQUAL 分数越小,服务质量的评价越高;反之,服务质量的评价越低。

表 9-1 SERVQUAL 量表

要 素	组成项目
可靠性	(1) 公司向服务对象承诺的事情都能及时完成。 (2) 当服务对象遇到困难时,公司能表现出关心并提供帮助。 (3) 公司是可靠的。 (4) 能准时地提供所承诺的服务。 (5) 正确记录相关的服务
反应性	(6) 能告诉服务对象提供服务的准确时间。 (7) 提供及时的服务。 (8) 员工非常愿意帮助服务对象。 (9) 员工能满足服务对象的需求
关怀性	(10) 公司会针对不同的服务对象提供个别的服务。 (11) 员工会给予服务对象个别的关怀。 (12) 员工了解服务对象的需求。 (13) 公司优先考虑服务对象的利益。 (14) 公司提供的服务时间能符合所有服务对象的需求

续表

要　素	组 成 项 目
正确性	(15) 员工是值得信赖的。 (16) 在从事交易时服务对象会感到放心。 (17) 员工是有礼貌的。 (18) 员工可从公司得到适当的支持，以提供更好的服务
有形性	(19) 有现代化的服务设施。 (20) 服务设施具有吸引力。 (21) 员工有整洁的服装和外表。 (22) 公司的设施与他们所提供的服务相匹配

对于不同的行业，5 个要素的重要性存在差异，但排序基本一致。在具体行业中应用时，必须对该量表进行修正并重新验证其有效性，这包括增加和删减某些项目或要素来全面、真实地反映所研究的行业领域，以使量表适应不同的行业环境、服务环境和文化背景。

例如，某城市轨道交通企业根据其服务产品的质量特性或标准，在安全性、可靠性、舒适性、经济性、便捷性这 5 种质量要素下面设计相关的具体组成项目，其量表如表 9-2 所示。

表 9-2　某城市轨道交通企业的服务质量 SERVQUAL 量表

要　素	组 成 项 目	期望值(E)	感知值(P)
安全性	(1) 进出站秩序状况 X_1		
	(2) 站台候车秩序状况 X_2		
	(3) 上下车秩序状况 X_3		
	(4) 车厢秩序状况 X_4		
	(5) 安全服务设施标识及使用说明等 X_5		
	(6) 紧急疏散标识清楚醒目 X_6		
可靠性	(7) 进出站闸机可靠 X_7		
	(8) 导乘标识信息准确 X_8		
	(9) 报站准确及时 X_9		
	(10) 列车准点运行 X_{10}		
经济性	(11) 票价合理 X_{11}		
	(12) 票种多样 X_{12}		
便捷性	(13) 购票时间短 X_{13}		
	(14) 进出站时间短 X_{14}		
	(15) 列车可达性强 X_{15}		
	(16) 列车发车间隔合理 X_{16}		
	(17) 列车运行速度快 X_{17}		

续表

要　素	组成项目	期望值(E)	感知值(P)
舒适性	(18) 列车运行平稳 X_{18}		
	(19) 车厢拥挤度低 X_{19}		
	(20) 车站及车厢环境整洁 X_{20}		
	(21) 工作人员响应乘客要求 X_{21}		
	(22) 设置便民设施 X_{22}		

问卷调查的内容包括城市轨道交通服务质量的5个要素(维度)及与之相关的22个项目(因素),每个因素又有期望值和感知值两个调查项。可在车站站台用随机抽样的方法,抽取一定数目的乘客,请他们对各项因素按自己的期望打分,得到各个 E_i 值;按自身感受打分,得到各个 P_i 值。问卷采用7分制,7表示完全同意,1表示完全不同意,中间分数表示不同的程度。

2. SERVQUAL 计算过程

(1) 根据具体情况设计量表,发放调查问卷,然后根据乘客打分和综合计算得出服务质量的分数,具体计算公式为

$$SQ_{单} = \sum_{i=1}^{n}(P_i - E_i) \tag{9-1}$$

式中,$SQ_{单}$ 为单个服务对象的总感知服务质量;P_i 为乘客对第 i 个因素的感知分数,$i=1,2,\cdots,22$;E_i 为乘客对第 i 个因素的期望分数。

(2) 由式(9-1)得到的 $SQ_{单}$ 是在5个要素同等重要的条件下单个服务对象的总感知服务质量,但现实生活中乘客对决定服务质量的每个要素的重要性的看法是不同的。因此,在调查后,应确定每个服务质量因素的权重,通过加权平均得出更为合理的SERVQUAL分数。计算公式为

$$SQ_{总} = \sum_{j=1}^{5}\left[w_j \sum_{i=1}^{n}(P_i - E_i)\right] \tag{9-2}$$

式中,w_j 为第 j 个服务质量因素的权重。

(3) 将所有被调查乘客的SERVQUAL分数加总,再除以乘客人数 m,就得到某企业该项服务产品的SERVQUAL平均分数,即

$$SQ = \frac{1}{m}\sum_{i=1}^{m} SQ_i \tag{9-3}$$

式中,SQ 为感知服务质量;m 为被调查乘客的人数。

(二) 步行穿越调查法

步行穿越调查法是从服务对象的角度出发,通过评价服务对象在整个服务过程中经历的各个环节来测评服务质量的方法。步行穿越调查法的具体步骤如下:

1. 绘制服务对象消费的流程图

以城市轨道交通为例，步行穿越调查的整个过程包括：乘客通过站外引导标识进入车站—安检—进入站厅—购票—检票—上站台—候车—上车—乘车—下车—到站台—通过出站闸机—从出站口离开。

2. 设计形成调查问卷

按照流程图，列出服务对象所能接触的各个要素，包括环境、设备、消费品、服务人员、其他服务对象等内容，并设计形成调查问卷（见表9-3）。

表9-3 某城市轨道交通企业针对某车站进行的步行穿越调查问卷

服务阶段	服务项目	强烈反对	反对	无法判断	赞同	完全赞同
进站	（1）容易看到站外引导标志					
	（2）站外引导标识清楚准确					
	（3）车站入口标识醒目					
	（4）安检顺畅					
	（5）进入站厅过程顺利通畅					
	（6）问讯服务周到规范					
	（7）购票便捷					
	（8）检票过程通畅、无延迟					
候车	（9）进入站台路径清晰					
	（10）站台信息标识明确					
	（11）候车时间较短					
	（12）上车过程不拥挤					
乘车	（13）车厢内整洁无异味					
	（14）车厢温度适宜					
	（15）车厢广播音量适中					
	（16）报站清楚准确					
	（17）车厢内路线图醒目					
	（18）座位及扶手设置合理					
下车及出发站	（19）下车有序，先下后上					
	（20）出站或换乘标识醒目					
	（21）出站或换乘路程短					
	（22）出站口信息准确、清楚					
	（23）验票出站方便、快捷					

续表

服务阶段	服务项目	强烈反对	反对	无法判断	赞同	完全赞同
评价	(24) 服务总体来说很优秀					
	(25) 服务还有较大改进空间					
	(26) 工作人员态度热情					

3. 发放问卷

发放问卷，由服务对象填写消费过程中对每一个服务项目的评价。

4. 对有效问卷进行统计分析

对有效问卷进行统计分析，找出服务对象满意与不满意之处，并分析其原因。

(1) 计算管理者、服务人员和乘客对各服务项目的评价值。城市轨道交通企业管理者、服务人员和乘客分别填写问卷后，使用五点量法(1 代表完全赞同，5 代表强烈反对，中间各值代表不同的程度)来测量乘客的感知。

评价方法为：问卷数据可以初步评价乘客(管理者、服务人员)对每一服务项目的感知程度。对每一个项目的得分取样本的均值，可认为该均值是乘客(管理者、服务人员)对此项目的感知值，计算公式为

$$\overline{X_i^k} = \frac{\sum_{j=1}^{n^k} X_{ij}^k}{n^k} \tag{9-4}$$

式中，$\overline{X_i^k}$为第 k 类评价者对第 i 个服务项目的平均感知值($i=1,2,\cdots,26$；$k=1,2,3$)，其中，$k=1$ 代表乘客，$k=2$ 代表管理者，$k=3$ 代表服务人员；X_{ij}^k 为第 k 类评价者中第 j 位对第 i 个服务项目的感知值，$j=1,2,\cdots,n^k$，n^k 为第 i 个服务项目的第 k 类评价者的参评人数。

若$\overline{X_i^k}$小，则表示服务对象对该服务项目的认同程度高，反之则表示对该服务项目的否定程度强。对于感知值$\overline{X_i^k}\geqslant 3.5$ 的服务项目，我们认为乘客(管理者、服务人员)对此项目持强大的否定态度；若感知值$\overline{X_i^k}<2$，则表示对此项目持较认同的态度。

(2) 计算各服务项目评价差距。城市轨道交通企业要提高和改进客运服务质量，可以对比不同类别评价者之间的感知值。例如，当我们知道了乘客的感知值和服务人员的感知值时，通过数值之间的差异量就可以了解每一个具体服务项目的完善性。城市轨道交通企业通过对比得到各个服务项目的评价差距，即管理者、服务人员、乘客对某项服务内容的评价差距，包括管理者与乘客之间、管理者与服务人员之间、服务人员与乘客之间的评价差距。差距越大，表示两者之间评价相关差异越大，反之，评价相关一致性越好。对于调查数据分析取值的绝对值大于评价差值 $c_i^{k-k'}$ 的服务项目，可以认为是双方感知有较大差距的项目，按客户至上的原则，应对这些服务项目重点关注并加以改进，以进一步完善服务。评价差值的计算公式为

$$c_i^{k-k'} = \left|\overline{X_i^k} - \overline{X_i^{k'}}\right| \tag{9-5}$$

式中，$c_i^{k-k'}$ 为管理者、服务人员或乘客针对第 i 项服务内容的评价差值；$\overline{X_i^k}$，$\overline{X_i^{k'}}$ 分别为管理

者、服务人员或乘客对第 i 项服务内容的平均感知评价；k, k' 分别为管理者、服务人员或乘客，$k \neq k'$。

当 $c_i^{k-k'} \leqslant c_i$，时，两类评价者之间的差距较小，相关一致性较好；当 $c_i^{k-k'} > c_i$ 时，两类评价者之间的评价相关差异较大，需要根据具体情况改进服务质量。

5. 进行纠偏和改进

按照对服务对象的调查分析结论，对企业的实际情况进行纠偏和改进。

步行穿越调查能够提供服务对象所期望的服务信息，通过其提供的涉及语言的、环境的、感知的及服务提示的信息，企业能够更好地定义面向服务对象的服务，提高服务对象的忠诚度。

9.3 城市轨道交通服务质量的评价实例

下面通过对某城市轨道交通企业服务实例的分析，了解如何利用 SERVQUAL 评价方法进行具体的服务质量评价。

一、评价方法

利用 SERVQUAL 评价方法，在 SERVQUAL 量表 5 个要素的基础上，去除关怀性，增加方便性和安全性 2 个要素，并对每个要素的概念和内涵进行界定，编制服务调查问卷，通过实地调查的方法收集数据，分析和评估运营企业的服务质量、乘客满意度及现有需求等，并在此基础上提出相应的改善措施。

（1）需调查的基本信息。需调查的基本信息包括出行目的、乘坐地铁的原因、月均乘坐地铁次数、出行交通方式、月平均交通费用、对地铁服务的总体印象等。

（2）编制地铁服务质量问卷。依据 PZB 理论编制衡量服务品质的 SERVQUAL 量表，从服务设施、列车运行、车站与列车环境、人员服务等方面综合考察期望和感知到的可靠性、反应性、确实性、有形性、方便性、安全性 6 个因素，形成由 19 个题目组成的地铁服务质量问卷。

（3）被测试者的人口资料。调查乘客的性别、年龄、是否为常住人口、职业、月收入等情况。

二、问卷测试对象的选择

选择城区主要线路中客流量较大且有显著问题的两个枢纽站，采用随机取样的方法选择测试对象，不考虑测试对象的性别、年龄、职业、收入水平等差异。

利用 3 天的时间，分别在非高峰期（下午 2:00～4:00）和高峰期（下午 4:00～6:00）发放问卷。从两个车站分别收回 102 份和 95 份调查问卷，其中有效问卷分别为 70 份和 82 份。

人口学资料调查的结果表明，乘坐地铁的男女比例均衡；年龄在 40 岁以下的占 88.7%，其中 21～30 岁的占 60.5%；90.7%的测试者为常住人口；月收入分布相对均衡。

三、地铁服务质量的调查结果

分别对19个调查项、总体的期望、感知服务质量及满意度进行描述统计和配对检验(差异显著性检验)后发现,每个调查项和总体的期望服务质量平均分均在5.6以上,感知服务质量均在4.6以上,且两者均存在显著差异;每个调查项的期望与感知差距均值均在0.32以上,这说明乘客的服务期望值大于且显著大于乘客对服务的真实感受,表明乘客对地铁服务质量不太满意,尤其体现在地铁线路设计、乘客的疏导(如疏导设施、人工疏导)、服务人员的服务主动性、服务人员处理乘客投诉的态度和投诉后的处理速度等方面。这表明,地铁服务机构仍然需要针对这些具体条目提出相应的改善措施。调查的具体结果如表9-4所示。

表9-4 某地铁对期望服务质量、感知服务质量进行调查的基本情况

序号	调查项	期望服务质量		感知服务质量		期望与感知的差距	
		所得测试值	均值	所得测试值	均值	所得测试值	均值
1	地铁线路设计合理、换乘方便	1～7	6.30	1～7	4.80	−3～6	1.50
2	投诉后的处理速度	1～7	6.10	1～7	4.71	−3～6	1.39
3	服务人员处理乘客投诉的态度	1～7	5.98	1～7	4.85	−2～6	1.13
4	服务人员的服务主动性	1～7	5.79	1～7	4.67	−3～6	1.12
5	乘客的疏导	1～7	6.08	1～7	5.03	−3～6	1.04
6	购卡、充值方便	1～7	6.09	1～7	5.13	−3～6	0.97
7	车站与车厢内的通风	4～7	6.28	1～7	5.33	−2～6	0.95
8	车站与列车卫生	2～7	6.27	1～7	5.36	−3～5	0.91
9	服务人员的服务态度	3～7	6.03	2～7	5.14	−3～5	0.89
10	容易得到列车时刻信息	1～7	5.64	1～7	4.76	−3～4	0.87
11	引导标识正确	2～7	6.25	1～7	5.43	−3～5	0.83
12	服务人员及时通知列车晚点或紧急事件	1～7	6.17	1～7	5.34	−3～6	0.83
13	服务人员能够准确回答询问	3～7	6.14	1～7	5.42	−2～6	0.72
14	首末车时间合理	3～7	6.26	1～7	5.57	−3～5	0.69
15	服务人员能够及时回答询问	3～7	6.12	1～7	5.43	−3～6	0.69
16	服务人员的着装及精神面貌	2～7	5.80	2～7	5.16	−2～4	0.66
17	乘坐安全	3～7	6.47	2～7	5.89	−2～4	0.58
18	列车间隔合理,到站时间可靠	3～7	6.41	3～7	5.86	−3～4	0.54
19	广播提示	3～7	6.18	2～7	5.86	−3～4	0.32

注:所得测试值越大,表示乘客越满意。

知识拓展

服务质量乘客满意度调查问卷

尊敬的女士/先生：

您好！××地铁为了更好地为您服务，希望通过本次不记名调查了解您对地铁服务的满意情况，请您根据下表的相关信息，在认可的选项处打“√”。

1. 综合评价

请您根据对××地铁的总体印象，为地铁的综合服务打分(满分100分)。

2. 对服务项目进行评价(见表9-5)

表9-5 服务项目评价

类别	服务项目	很满意	比较满意	一般	不太满意	非常不满意
服务设施	(1) 车站座椅	5	4	3	2	1
	(2) 车站广播	5	4	3	2	1
	(3) 列车广播	5	4	3	2	1
	(4) 便民设施(公用电话、ATM、报刊销售等)	5	4	3	2	1
	(5) 卫生间设施设备	5	4	3	2	1
	(6) 城市一卡通信息查询	5	4	3	2	1
	(7) 导向标识(进出站、乘车等)	5	4	3	2	1
	(8) 自动售票	5	4	3	2	1
	(9) 自动检票	5	4	3	2	1
	(10) 自动扶梯运转状况	5	4	3	2	1
	(11) 车内扶手杆、拉环的设置	5	4	3	2	1
	(12) 盲道和其他无障碍设施	5	4	3	2	1
	(13) 车站地面、墙面的平整完好	5	4	3	2	1
列车运行	(14) 首末车时间	5	4	3	2	1
	(15) 列车运行速度	5	4	3	2	1
	(16) 列车运行准点情况	5	4	3	2	1
	(17) 列车间隔时间	5	4	3	2	1

续表

类别	服务项目	很满意	比较满意	一般	不太满意	非常不满意
安全保障	(18) 行车安全	5	4	3	2	1
	(19) 上下车秩序	5	4	3	2	1
	(20) 上下车组织疏导	5	4	3	2	1
	(21) 出入口进出站秩序	5	4	3	2	1
	(22) 安全乘车宣传(报警、处置、逃生方法等)	5	4	3	2	1
	(23) 列车关门前提示(提示铃、提示音)	5	4	3	2	1
	(24) 列车运行平稳度	5	4	3	2	1
应急服务	(25) 紧急情况下的车站广播	5	4	3	2	1
	(26) 紧急情况下的列车广播	5	4	3	2	1
	(27) 紧急情况下站务人员的引导与信息提供	5	4	3	2	1
车站环境	(28) 车站设备噪声量	5	4	3	2	1
	(29) 车站卫生	5	4	3	2	1
	(30) 车站通风	5	4	3	2	1
	(31) 车站温度	5	4	3	2	1
	(32) 车站照明	5	4	3	2	1
	(33) 卫生间卫生	5	4	3	2	1
	(34) 垃圾箱的数量和位置	5	4	3	2	1
	(35) 车站广告数量	5	4	3	2	1
车厢环境	(36) 列车运行噪声量	5	4	3	2	1
	(37) 车厢内卫生	5	4	3	2	1
	(38) 车厢内温度	5	4	3	2	1
	(39) 车厢内通风	5	4	3	2	1
	(40) 车厢照明	5	4	3	2	1
	(41) 列车广告数量	5	4	3	2	1

续表

类别	服务项目	很满意	比较满意	一般	不太满意	非常不满意
人员服务	(42) 服务人员的着装及精神面貌	5	4	3	2	1
	(43) 服务人员的言行举止	5	4	3	2	1
	(44) 服务人员的服务主动性	5	4	3	2	1
	(45) 服务人员的服务态度和语言	5	4	3	2	1
	(46) 服务人员解答问询快速、准确	5	4	3	2	1
换乘	(47) 地铁线路之间的换乘	5	4	3	2	1
	(48) 换乘的候车时间	5	4	3	2	1

3. 投诉处理

(1) 是否有投诉经历？ □是 □否

(2) 您若有投诉经历，请填写表 9-6。

表 9-6 投诉处理评价表

类别	服务项目	很满意	比较满意	一般	不太满意	非常不满意
投诉处理	(1) 接待投诉乘客的态度和语言	5	4	3	2	1
	(2) 热线接听及时	5	4	3	2	1
	(3) 热线接线员说话的语气和音量	5	4	3	2	1
	(4) 投诉处理的速度	5	4	3	2	1
	(5) 投诉处理的结果	5	4	3	2	1

4. 乘客的个人信息(见表 9-7)

表 9-7 乘客的个人信息

性 别	□男 □女	常住人口(本市半年以上)	□是 □否
年 龄	□≤20 □21～30 □31～40 □41～50 □51～60 □>61		
学 历	□初中及以下 □高中/中专 □大专/本科 □硕士/博士		
职 业	□公务员 □企业员工 □自由职业 □私营业主 □学生 □军人 □农民 □离退休人员 □各种专业人士(如教师、医生、科研技术人员) □其他(请注明__________)		
月收入	□无收入 □少于 800 □801～2000 □2001～4000 □4001～6000 □6001～8000 □8000 元以上		
乘坐地铁支出来源	□完全自费 □单位部分报销 □单位全额报销 □领取交通补贴		

调查时间:_____时_____分 线路:_________ 站名:_________

调查员:____________ 监督员:____________

思考与练习

1. 城市轨道交通服务质量常用的评价模型有哪几种?
2. 简述各种城市轨道交通服务质量评价方法的特点。

附录　求职面试礼仪

接到招聘单位的面试邀请时，说明自己初选合格，已在求职的旅程中迈开了成功的第一步。面对面的交流是应聘者求职过程中的一个富有技巧的环节，它将应聘者的能力、素质、形象等综合地展现在用人单位的招聘者眼前。因此，应聘者要在短暂的面试时间里更充分地展示自我，就需要在面试前做好充分的准备。面试过程中简洁的对答、机智灵活的反应、充分自信的展示、得体大方的举止等，都将为求职成功打下基础。

一、面试前的准备

(一) 适当了解招聘单位的情况

俗话说："知己知彼，百战百胜。"对于应聘者，在求职之前，不但对自己要有一个全新的认识，还要了解目标单位的一些情况。有些招聘者认为，应聘者要想赢得他们的满意，必须事先了解招聘单位的一些情况，了解招聘单位需要什么样的职员，这样招聘者才会对应聘者做进一步的考察和选择。面试前需要了解的有效信息大致包括 3 个方面。

(1) 有关用人单位的信息，主要包括单位的性质、规模、效益、发展前景、招聘岗位、招聘人数等。

(2) 有关用人条件的信息，包括对招聘人员的性别、年龄、学历、阅历、专业、技能、外语等方面的具体要求和限制。

(3) 有关用人待遇的信息，包括报酬(工资)、福利(奖金、补贴、假期、住房、医疗、保险等)。

了解招聘单位的途径非常多，如与招聘单位的雇员谈话，利用图书馆查阅相关资料，在网上搜索相关信息等。

(二) 打下扎实的专业基础

打下扎实的专业基础不仅是面试前应注意准备的内容，也是学生在校学习期间应该不断努力的方向。学生在校期间应发愤学习，培养刻苦钻研、精益求精的学术作风，注意技能训练，力求掌握多种实用技能，从而在应聘时展现较好的专业素养。

(三) 做好心理准备

求职面试时，大多数人都有忐忑不安、不知所措的紧张心理。如果面试前做好充分的心理准备，不但可以缓解面试时的心理压力，而且有助于面试成功。应聘者在面试前可以采取以下几种方式来缓解心理压力。

1. 了解自我

面试的时间一般比较短暂，因此，如何充分利用有限的时间，给招聘者留下积极、肯定而又深刻的印象就显得尤为重要。人贵有自知之明，应聘者不仅要知道自己的长处和优点，还要了解自己的不足。面试前可以把自己的优点和不足一一列举在纸上。面试时要尽量发挥自己的长处，而对于缺点要多加注意，做到扬长避短。

2. 充满自信

自信是应聘者必备的心理素质。对于自卑者和胆怯者而言，要在紧张而又短暂的面试过程中，做到举止大方这一礼仪要求是很困难的。因此，应聘者在面试前应熟记自己的各种资格和能力，可以反复大声朗读，或者在熟人或朋友面前多次陈述，直到把所有的内容倒背如流，达到能够轻松自如地谈论自己为止。还可以随时提醒自己该目标岗位对自己的重要性，从而产生势在必得的心理效应。最后，提醒自己不要随便否定自身，就算这次求职不成功，下次还可以继续努力。

3. 提前熟悉面试环境

如有可能，应聘者应到即将面试的地点看一看，以熟悉环境，这样可以缓解面试时的紧张情绪。

（四）保持良好的身体状态

健康的体魄是体现个人全面发展的重要标志，也是顺利完成学习和工作的必要条件。因此，应聘者平时就要养成良好的卫生习惯和健康的生活方式，积极参加体育锻炼，保持自身良好的身体素质和健康的体魄，从而在面试时给招聘单位以精力充沛、健康向上的感觉，提高面试的成功率。

（五）面试时的着装与仪容的准备

面试常常是在一个相对短暂的时间内完成的。应聘者若想在短短的面试中给招聘者留下良好的印象，其仪容仪表将起到非常重要的作用。人际认知理论提及，应聘者和招聘者初次接触时，应聘者的仪容仪表将对其在招聘者心中形象的形成起到90%以上的作用。因此在面试前，应聘者一定要注重自己的面试服装与仪容的准备，以给招聘者留下良好的印象。

1. 着装

总体来讲，招聘者服装要合体，讲究搭配，能够展现出正统而不呆板、活泼而不轻浮的气质。无论应聘何种职业，面试着装均要遵循“朴素典雅”的原则，着装与其追求新潮，不如穿得正统一些。

2. 仪容

面试时，男士应保持头发干净、清爽、卫生、整齐。发型宜简单、朴素，鬓角要短。一般以庄重、大方的短发为主导风格，要求前不盖额、侧不遮耳、后不及领，还要注意将胡须刮净。按中国的习俗，男士一般不提倡涂脂抹粉和使用香水。另外，还要注意一些细节的地方，如不要有头屑，指甲不要过长过脏，袖口不要污黑发黄等。

女士要保持端庄、干净的形象，发型以端庄、简约、典雅为宗旨，避免滥用饰物。如果必须使用发卡之类的饰物，则应遵循朴实无华的原则，选择蓝、黑、棕等较深的颜色。女性的颜面修饰在面试时显得尤为重要，颜面修饰不仅是自尊自爱的表现，也表现了对交往对象的尊重。女士的颜面修饰应注重表现女性的特质，“素面朝天”给人以不拘小节甚至懒散的感觉；而“浓妆艳抹”给人以过分招摇和俗气的感觉。所以，面部的修饰要清新、素雅，色彩和线条的运用要“宁淡毋浓”、恰到好处。指甲要干净、整洁，修剪要得体，长度适中，最好不要使用指甲油。

二、面试中的礼仪

在求职过程中，面试是极其重要的一个环节，它既是招聘考核的最后一关，也是对求职成功具有决定性作用的一关。遵循和把握面试中的礼仪，可以帮助应聘者更好地抓住面试机会，以最快的速度实现就业理想。

（一）注重仪表举止，树立美好形象

面试时，应聘者得体的仪表举止、高雅的谈吐，能体现其良好的文化修养、精神面貌、审美情趣和性格特征，有助于其在招聘者面前建立良好的第一印象。因此，毕业生在求职面试前，一定要精心设计自己的仪表形象，仪表修饰应做到整洁、庄重、正规。在面试时，应聘者的举止应遵循自然潇洒、大方得体、文明礼貌、优雅动人的原则。另外，在面试过程中，应聘者的语言、语音、语气、语调、语速一定要规范，并要把握好言谈的内容。应聘者的言语应遵循礼貌、标准、连贯、简洁的原则。

（二）遵守面试礼仪

1. 遵时守信

守时是一种美德，也是一个人良好素质和修养的表现。准时参加面试是最基本的礼仪。迟到，会给人言而无信、马虎大意、缺乏责任心、我行我素、无组织无纪律的印象；过早到达面试地点，又会给招聘方带来压力。如因为客观原因或某些特殊原因无法准时到场时，应及早通知面试方并表示歉意。一旦迟到，应主动陈述原因，表述要简洁，致歉要诚恳。为防止迟到，应聘者最好提前 10～20 分钟到达面试地点附近，到面试时间再进入面试地点，这样一来可以避免迟到，二来可以稍作休息，以稳定情绪。

2. 对接待人员要以礼相待

对候试室或面试室门口的接待员要以礼相待，注意细节，多使用“请”“谢谢”等礼貌用语。在等待时，不要旁若无人、随心所欲。对接待员熟视无睹，会给人留下很差的印象。对接待员的询问应礼貌地给予回答，但切不可贸然与之闲聊，以免妨碍他人工作。求职面试时，应该注意给所有人留下好的印象。

3. 进入面试室前要先敲门

进入面试室之前，首先要礼貌地敲门，得到允许方可进入，然后转身将门轻轻关好。即

使房门虚掩或处于开放状态，也应轻轻叩击作为示意。

4. 主动向面试人员问好

进门后，应聘者应主动向招聘者微笑并点头致意，礼貌地打招呼，如使用“您好”“见到您很高兴”之类的话语。对于应聘者而言，不主动向面试官打招呼或对对方的问候不予回答都是失礼的行为。

5. 必要时要行握手礼

与招聘者主动打招呼后，有可能招聘者会首先伸手行握手礼，应聘者此时应积极响应，礼貌地给予回握。一般情况下，如果招聘者没有主动握手，应聘者不宜主动行握手礼，除非应聘者为女性，主动握手可以显示女士的开放和友好。

6. 对方说“请坐”时再入座

在招聘者还没有请应聘者入座的情况下，不要自己主动落座，否则会被视为傲慢无礼。入座前，应表示感谢，并坐在指定的座位上。如果没有指定的座位，应挑选一个与招聘者面对面的座位，以便交谈。另外，要特别注意采取正确的坐姿。当招聘者与应聘者谈话时，应聘者必须采取身体略前倾的姿态，以示应聘者在认真倾听招聘者讲话，这也是尊重对方的交谈技巧之一。当然，如果是异性之间的交谈，不宜过分屈就，以免给人不庄重或轻浮的感觉。

7. 自我介绍的礼仪

自我介绍是求职面试中相互了解的基本方式。应聘者做自我介绍时，应注意以下几点。

（1）准备充分。应事先把自我介绍的讲稿拟好，并背得滚瓜烂熟。同时注意运用演讲技巧，既要给招聘者留下深刻的印象，又要营造出轻松自然的氛围。

（2）充满自信，举止大方。自我介绍时，要充满自信、落落大方、态度诚恳。

（3）语言幽默，轻松自然。介绍过程中，适时地使用幽默的语言，能缓解面试时的紧张气氛，并能加深招聘者的印象。

（4）注意自尊和自谦。自我介绍时，切勿神态得意扬扬，目光咄咄逼人，否则会给人一种不可一世、骄傲自大、目中无人的印象。应做到语气平和、目光亲切、神态自然，充分体现自尊、自谦的良好形象。

（5）内容有针对性。自我介绍的内容要言而有物，要有针对性地重点介绍与应聘岗位相关的内容。切忌说大话、说空话，以免给招聘者造成自我炫耀之感。

（三）交谈礼仪

通过面试时的交谈，招聘者可以感受到应聘者的基本素质和业务水平，并由此决定是否录取应聘者，因此，遵循面试中的交谈礼仪是非常重要的。

1. 自谦有礼

谈话过程中注意语气要平和，语调要适中，语言要文明，必要时可以适当使用专业术语，让招聘者感觉到应聘者具有良好的专业素质和个人修养。避免过于谦虚或夸夸其谈。对于不懂或不清楚的问题，不要不懂装懂，如果此时诚恳而又坦率地承认自己的不足，反而会给招聘者留下诚实可靠的印象。

2. 文雅大方

回答招聘者的问题时，要表现得从容镇定、温文尔雅、谦虚诚恳，做到有问必答。对于一时答不出的问题，不要一言不发，可以借助其他话题缓冲一下，同时迅速搜集答案。如果确实找不到答案，则先回答自己所了解的，然后坦率承认其中有些问题还没有经过自己的认真思考。这种情况下，招聘者可能关注的并不是问题本身的答案，而是招聘者解决问题的能力。

3. 仔细倾听

仔细倾听是非语言沟通的技巧之一。面试时，当招聘者提问或介绍情况时，应聘者应仔细倾听，抓住对方讲话的内容。应聘者可以用目光注视招聘者，以示专注；还可以通过配合点头或者巧妙地插入简单的话语，赢得招聘者的好感，如"是的""对""您说得对"等。这样可以提高招聘者的谈话兴趣，从而使自己获得更多的信息，并有助于面试在和谐、融洽的气氛中进行。注意不要在招聘者发言时贸然打断，失礼于人。

4. 善于思考

在回答招聘者提出的问题之前，应聘者要在自己的脑海里梳理一下思绪，稍加思考后再进行作答。如果有些问题还没有想清楚，就绕开该话题不说或者少说，如果信口开河、夸夸其谈、文不对题、话不及义，难免会给人一种缺乏涵养的感觉。尤其是当招聘者要求你就某个问题发表个人见解时，更应慎重。

5. 突出重点

回答招聘者的问题时要突出重点，对于用人单位感兴趣的话题可以多讲，不感兴趣的话题少讲或不讲。简单的问题边问边答，复杂的问题边思考边回答，使招聘者感觉到应聘者反应灵敏又很有思想。

（四）告别礼仪

1. 适时结束

一般情况下，面试没有明确的时间限制，但应聘者必须知道，要合理把握面试的时间。交谈时间过短，不足以显示应聘者的能力；时间过长又易造成招聘者的疲惫甚至反感。所以，为了在有限的时间内提供有效的信息，在面试前，应聘者应想好交谈的话题，把必须说清楚的情况简洁、有力地交代完毕后，便可准备结束。特别是当招聘者说"你的情况我们已经了解了，今天就到这里吧""谢谢你对我们工作的支持""谢谢你对我们单位的关心"等时，应聘者即可站起身，露出微笑，握手道谢，然后离开，以给招聘者留下积极、良好的印象。

2. 保持风度

应聘者在面试的整个过程中都应该保持镇静的情绪，特别是在获知失败后，更应该注意保持自身的风度，控制好自己的情绪，不要表露出灰心和气馁。招聘者仍应面带微笑，握手告别，保持最后的礼节，做到善始善终。有些时候，或许会因为你最后的礼节打动招聘者，而扭转了面试结局。所以说，面试中的每个阶段都有可能成为左右应聘结果的砝码。

3. 礼貌告别

面试结束后，无论结果如何，应聘者都应向招聘者诚挚道谢。这既是礼仪要求，也是体现应聘者的真诚和修养的最后机会，这对于应聘者最终能否被录用也起到一定的影响。可以根据具体情况，决定是否与招聘者握手告别。

三、面试后的礼仪

应聘者往往非常注重面试前和面试中的礼仪规范，而总是忽略面试后的礼仪要求。一般而言，面试结束后一两天之内，应聘者可以向曾经面试过的单位发一封致谢函。致谢函要简洁明了，一般不超过一页纸。此种做法一方面可以表示应聘者的谢意，体现对面试单位的尊重；另一方面也可以重申自己对该工作的渴望和能够胜任该工作的能力，并表示为了该单位的发展会尽其所能。这样的致谢函会使面试单位加深对应聘者的印象，增加其竞争力。

总之，在求职过程中遵循相应的礼仪规范，可以帮助应聘者提高求职成功的概率，因此，一定要重视和学习求职礼仪规范。

四、面试礼仪的禁忌

应聘者要找到一份好的工作，必须同时具备天时、地利、人和三项条件。在实际的案例中，我常常发现，一些条件很好的应聘者，却始终无法顺利地通过最后一道面试的关卡，深究原因，是因为他们在面对招聘者时总是忽略了一些重要的细节，使得求职之路走得不顺利。

（一）面试中的一般禁忌

1. 缺乏信心

缺乏信心，是因为怕落聘。假设应聘者的学识才能是基本符合要求的，那么缺乏信心就是一种自卑的心理表现。缺乏信心的表现有很多，其总的特征是瞻前顾后、缩手缩脚、小心翼翼、顾虑重重。成功来源于自信，心里坦然、态度自然、说话实事求是，才有可能正常发挥自己的学识和能力水平，甚至超长发挥，从而取得成功。

2. 打扮不得体

“得体”与“不得体”是相对概念，在不同的时间、地点和氛围下，得体与不得体之间会发生相互转化，如穿泳衣上班是不得体的，而穿衬衫、长裤跳进游泳池同样也是不得体的。打扮得体有一条具有可操作性的原则，那就是衣着打扮要与自己在同一时刻扮演的角色身份及所处的环境相符。

3. 以自我为中心

应聘者在面试过程中，有相当多的机会谈到自己，这时一定要注意分寸，适可而止。以自我为中心的人，一打开话匣子就无法收拾，很可能因此引起招聘者的反感。

4. 夸夸其谈

在面试中，应实事求是，不撒谎、不吹牛，虚言假语总会招致别人的反感。最令人反感的就是应聘者夸夸其谈。“这工作没问题”“这工作交给我好了”“只要有我，一切没问题”这类大包大揽的话，平时听起来很痛快、很舒心，说话人也颇能引起别人的好感。但是在面试中，却要万分慎重。夸夸其谈，其实质还是回避问题，因而会被认为是不诚实、不坦率的表现。

5. 唠叨

说起话来没完没了的人，令人厌烦。因为言多必失，所以说话时也应注意控制时间，该长则长，该短则短。要注意观察招聘者的神态，若招聘者不想再听的话，应及时止住。否则，会引起招聘者的反感。

6. 抢答

有的应聘者为了获取招聘者的好感，总喜欢抢着表现自己，比如在谈话中总是试图抢接对方的话头。记住，在求职面试时，无论当时多么激动兴奋，无论见解多么独到超群，无论别人的看法或观点多么不够成熟或近于荒谬，应聘者都应当避免插嘴。只有这样，招聘者才不至于因为你的打岔而感到心中不快。

7. 争辩

不要把面试谈话变成争论或争辩。过于激烈地维护自己，这是面试的大敌。一个应聘者在谈话中经常使用一种争辩或反驳的语气，这种做法是相当愚蠢的。应聘者为了展示自己的聪明才智、推理能力和说服能力，想要在争辩中获胜，可能在某个问题上辩赢了，却引起了招聘者的厌烦。

8. 迟钝

招聘者最怕遇上反应迟钝的应聘者。有的应聘者在面试中一问一答，不问就一言不发，这是不妥当的，如果给招聘者留下反应迟钝的印象，面试肯定会失败。

9. 提幼稚的问题

在面试场上，提问的权利不光是招聘者才有，应聘者也可以提问，询问工作状况，询问工资待遇。发问之前，先想想所问的问题是否具有新意，是不是招聘者早已回答或解释过的。

千万不要问一些幼稚的问题，如“为什么”“是不是可以……”等，这会使招聘者感到费力而心烦。

10. 扮鬼脸

有的应聘者总在脸上表露出对别人说话的反应，或惊喜，或遗憾，或愤怒，或担忧，表现这些情绪时，他们总是歪嘴、眨眼、皱眉、瞪眼、耸鼻子，形成一种习惯表达方式——扮鬼脸。在面试中，夸张的面部表情有害无益，过于兴奋的表情，会使招聘者认为应聘者过于虚假，善于伪装，会演戏，产生不好的心理感受。

11. 乱幽默

面试时若能恰如其分地表现幽默感当然很好，但如果不善于表达幽默或控制分寸，最好别去冒险，因为面试地点毕竟不是开玩笑的场所，弄不好会给招聘者留下轻浮的印象。

（二）面试中应克服的心理障碍

在选择自己将来的职业时，学生由于受到主客观多种因素的影响，大多存在一些心理障碍，主要表现在以下几个方面。

1. 从众

从众心理在学生中普遍存在，如某人讲哪类单位、哪个地方好，大家便往哪里挤，根本不考虑自身的实际情况。

2. 依赖

有依赖心理的学生，在面试时不够主动，具体表现为：有的认为虽然双向自主择业发展较快，但计划分配还未彻底取消，不必担心找不到接收单位；有的想通过拉关系、走后门，用不正当的渠道进入一些好单位，找定关系便胸有成竹；有的则认为所学的专业比较热门，找个对口的工作很容易，干脆坐等机会上门；有的不敢参与人才市场的竞争，缺乏胆识，等待“伯乐相马”而不主动出击。

3. 自负

某些学生在职业定位上标准太高，严重脱离实际。这类学生往往认为自己是“天之骄子”，选择工作时十分挑剔，高不成，低不就，讲实惠，怕吃苦，拼命往大城市和效益最好的单位挤。由于对社会需求缺乏了解，这类学生不能客观地评价自己，难以对自己做出准确的定位。

4. 自卑

学生中有自卑心理的一类是那些平时学习成绩不太好或者交际能力较差的同学，他们担心难以胜任未来的工作岗位，因而在面对复杂的社会生活时感到自卑、惶恐、力不从心；另一类是曾经受过挫折或校级处分的学生，他们会自我困惑、自我否定、无所适从，严重的甚至会产生被抛弃感。

以上种种心理障碍，都不利于学生走上工作岗位后主观能动性的发挥，也不利于进入社会后个人的发展。临近毕业的学生要努力克服这些心理障碍，以一种健康的心理去参加求职面试，迎接社会的挑战。

参 考 文 献

[1] 高蓉.城市轨道交通客运服务[M].2版.北京:人民交通出版社,2012.
[2] 刘莉娜.城市轨道交通客运组织[M].北京:人民交通出版社,2010.
[3] 王慧晶.轨道交通客运服务训练教程[M].北京:中国铁道出版社,2011.
[4] 人力资源和社会保障部教材办公室.站务人员[M].北京:中国劳动社会保障出版社,2009.
[5] 皋琴,李卫军,饶培伦,等.北京地铁服务质量评价[J].城市轨道交通研究,2011(02).
[6] 贾俊芳.城市轨道交通服务质量管理[M].北京:北京交通大学出版社,2012.
[7] 吴海军,柴小春.城市轨道交通客运组织[M].重庆:重庆大学出版社,2013.